당신의 아이를 아십니까?

- 몬테소리의 육아 메시지 -

Montessori Insights for parents of young children

Aline D. Wolf 지음

이 성 숙 옮김

창지사

들어가면서

마리아 몬테소리의 저술과 강의는 교사들을 위한 것이었지만 부모들을 위한 것이기도 하다. 몬테소리는 '교육'이란 '인생을 위한 준비'를 해주는 것이라고 생각했다. 그래서 교육은 3살 또는 6살이 되어서 시작하는 것이 아니라 출생하자마자 시작되어야 한다고 하였다. 따라서 부모가 자동적으로 어린이의 첫 번째 교사이면서 가장 중요한 사람이라는 뜻이다.

몬테소리는 어린이의 배움의 기초가 생후 6년 동안에 형성되기 때문에 0~6세가 매우 중요하다는 것을 특별히 강조했다. 어린이를 잘 보살핌으로써 미래를 준비해 준다는 것이다. 어린이는 유아기를 얼마나 충족하게 잘 보냈는지에 따라 다음 시기에 더 잘 성장할 수 있다.

몬테소리가 살던 시대와 우리가 사는 시대는 매우 다르다. 몬테소리 시대에는 어린이들이 부모와 함께 살았고 엄마는 대부분 전업주부였다. 오늘날은 한부모 가정도 있고, 워킹맘들이 많기 때문에 많은 어린이들이 육아 도우미나 친척들이 와서 깨워서 유치원이나 어린이집에 보내면 종일반에서 지내는 환경에서 살고 있다.

뿐만 아니라 지난 몇십 년 동안 통신과 기술, 사람들 간의 소통방식이 급격하게 변화하여 생활문화가 많이 달라졌다. 동네 친구들과 놀던 어린이들은 지금은 학원에 가서 운동을 하거나 게임을 하면서 놀고 있다. 인터넷을 통한 빠른 소통방식과 전자 게임들로 인해 가족들이 함께하는 시간이 사라져 버렸다.

몬테소리는 라디오, 텔레비전, 인터넷 게임, 컴퓨터, 핸드폰의 등장을 상상도 못 했을 것이다. 100년 전에 만들어진 몬테소리의 교육방법을 고도화된 기술사회속에 살고 있는 오늘날에도 적용할 수 있을까?

인간의 본성에 대한 몬테소리의 깊은 통찰력은 오늘날의 교육적 상황에도 대부분 적용될 수 있다. 물론 몇몇 요소들은 옛날 방식이기는 하지만 대부분의 몬테소리 메시지들은 부모들에게 지혜의 창고가 될 수 있다. 몬테소리 교구는 지금도 똑같이 사용되고 있으며, 몬테소리 교육원리는 육아에서 지금도 중요한 지침으로 적용되고 있다.

몬테소리의 교육원리는 인간의 본성에 대한 이해를 토대로 만들어졌기 때문에 시간과 공간, 인종을 초월하여 100년 이상이 지난 지금 시대에도 보편적인 진리로 적용되고 있고 생명력을 가지고 있다.

몬테소리는 어린이는 -작은 어른이 아니라- 어른과는 다른 존재이며, 특별한 욕구를 가지고 있는 존재라고 보았으며, 어린이는 일상적인 경험도 매우 즐거워할 뿐만 아니라 배우는 방식이 어른과는 다르다는 것을 관찰을 통해 알아냈다. 어린이는 자신만의 발달 방식이 있다. 그래서 "어린이가 잘 자라도록 하려면 어른들의 생각을 강요하기보다는 어린이의 방식을 따라야 한다"고 말했다.

이 책에서는 몬테소리 방법을 가정에서 어떻게 적용할 것인가에 대해 말하려고 한다. 그렇다고 비타민을 언제 먹일 것인가 또는 영아들의 잦은 울음, 심한 기침 등에 대해 어떻게 할 것인가에 대해 말하려는 것이 아니다. 뿐만아니라 아이가 10개월에는 무엇을 해야 하고, 2세가 되면 몇 단어 정도를 알아야 하는지, 3살과 4살은 어떻게 다른지에 대해 이야기하려는 것도 아니다. 이런 내용들에 대해 알려주는 책들은 많이 있다.

이 책에서는 몬테소리의 말을 많이 인용할 것인데 이는 내 말뿐만 아니라 몬테소리의 목소리를 직접 들려주고 싶기 때문이다. 몬테소리가 직접 한 말들은 이탤릭체로 표기했으며 어떤 표현은 굵은 글씨로 편집하였다. 또한 몬테소리의 생각을 보완해 주거나 뒷받침해 주는 다른 학자들의 말도 인용하였다.

2024년 10월 저자

목차

몬테소리와의 만남
그리고 아이를 알아가기

이 책은 7살 이하의 자녀를 가진 부모들에게 모두 필요하지만 특히 몬테소리 학교에 이미 다니고 있거나 입학시키려는 부모들을 우한 책이다. 만약 부모들이 몬테소리 선생님이 학교에서 하는 것과 같은 환경을 마련해준다면 아이들은 두 환경이 일관성을 가지고 있기 때문에 더 좋은 환경에서 자라게 되는 것이다. 가정과 학교에서 서로 다른 규칙이 적용되게 되면 어린이들은 어떤 행동은 학교에서는 허용되는데 가정에서는 받아들여지지 않아서 생기는 갈등과 혼란을 겪을 것이다. 부모가 선생님들과 같은 방식으로 아이를 대하면 당신의 자녀는 큰 혜택을 누리게 되는 것이다. 그리고 당신이 몬테소리 교육원리를 따르게 되면 부모역할을 더 잘하게 해줄 것이므로 당신 자신에게 매우 큰 이익이 될 것이다. 몬테소리의 생각을 따르고 나서 후회하는 부모들은 하나도 없다. 중요한 것은 지금 당장 몬테소리 방식으로 육아를 시작하는 것이다!

가정환경은 집의 크기나 구조에 의해 결정되는 것이 아니라
집안에서 이루어지는 가족들간의 모든 관계에 의해 결정된다.

가족이 왜 중요한가?

몬테소리가 교육은 출생하는 순간부터 시작된다고 한 말은 어린이가 성장하는 데 가장 중요한 환경이 가족이라는 의미이다. 3살 이전의 어린이들은 가족들로 둘러싸인 환경에서 자라게 된다. 즉 가족들이 만들어내는 풍경, 소리, 언어, 긴장감, 싸움, 웃음, 사랑의 표현들로 둘러싸이게 된다.

한편 어린이들은 자신들이 경험한 모든 일들을 흡수해 버린다. *어린이들은 자신들이 경험하는 모든 일들에 매우 흥미가 있고 열정적이며 자기 것으로 만들어간다.* 왜냐하면 *어린이는 흡수하는 정신적인 능력*을 가지고 태어나기 때문이다. 어린이의 정신능력은 어른들의 능력과 매우 다르다. 그래서 우리는 어린이들을 안전하고 사랑이 넘치는 가족 안에서 살게 해야 하며, 나쁜 영향을 미치는 환경 속에 오랫동안 살게 하면 어린이들이 위험해진다고 경고하는 것이다.

우리들 대부분은 인생의 기본적인 틀이 어떤 가족들과 생활했는지에 따라 결정된다. 가정 환경은 집의 크기나 구조가 중요한 것이 아니며, 인생의 기초는 그가 가정에서 겪는 인간관계에 따라 결정된다. 즉 어른들 간의 관계, 어린이들 간의 관계 그리고 어른과 어린이의 관계가 어떠했는지가 중요하다. 가족들 간의 관계를 풍요롭게 하기 위해서는 각자가 좋은 시간을 보내야 한다. 어떤 부모들은 자녀들에게 모든 것을 다해주려고 하다가 정작 부부 사이의 관계가 좋지 않은 경우도 있다. 엄마 아빠의 사이가 좋지 않으면 자녀들은 불안하기 때문에 안정감이 흔들린다. 유아기에 겪은 가정

생활의 영향은 매우 오랫동안 지속된다. 따라서 자녀들의 내면을 풍요롭게 해주기 위해서는 따뜻하고, 안전하며, 사랑이 넘치는 분위기를 만들어서 가족들 간의 유대감을 단단하고 풍요롭게 하는 것에 우선순위를 두는 것이 현명한 일이다.

1960년대에 하버드대학 유치원 프로젝트의 대표였던 화이트(Burton White) 박사는 만 6세* 어린이들중 어떤 어린이는 학교생활에 잘 적응하고 유능하며 자기조절을 잘하고 무엇이든 열심히 배우려 하는 것을 관찰하였다. 반면 어떤 6세 어린이들은 잘 적응하지 못한다는 것을 알게 되었다. 연구팀은 6세 어린이들을 유능하게 이끌어주는 훈련 또는 경험들이 무엇인지를 찾기 위해 1,000여 개의 유아교육 프로그램에 대해 17년간 집중적으로 분석하는 연구를 진행했다.

첫 번째로 5세 어린이들을 유능하게 만드는 요인이 무엇인지를 조사했는데 6세에 유능함을 보이는 어린이는 5세 때도 이미 유능함을 가지고 있다는 것을 알게 되었다. 연구팀은 5세에 유능한 아이들이 4세에 다녔던 유치원을 조사분석했는데 같은 결과를 얻었다. 즉 5세에 유능함을 보이는 아이들은 4세에 유치원에서도 역시 유능함을 보여주고 있었다. 3세 때에도 유능했는지 조사해 본 결과 6세에 유능한 어린이들은 3세 때도 유능했다. 화이트 박사는 어린이를 잘 키우기 위한 장기 프로젝트는 "결과적으로" 3세 이전에 시작해야 한다고 하였다. "우리는 연구를 통해서 생후 1년 동안 어린이가 얼마나 많이 발전하는지를 알았고 또한 그런 발전의 원동력은 가족이라는 것이 매우 인상 깊었다. 그래서 우리는 진정으로 어린이의 성장발달에 가정 교육이 학교 교육보다 더 많은 영향을 준다고 믿게 되었다. 가정이 좋은 역할을 수행해야 교육자가 하는 교육이 효과를 낼 수 있는 것이다. 가정이 역할을 잘하지 못하면 교육자가 할 수 있는 일이 거의 없게 된다."

---

* 6세 어린이란 초등학교 1학년을 의미함

인간발달의 첫 3 단계

몬테소리는 0~18세의 아동들이 3개의 서로 다른 시기(또는 단계)를 거치면서 성장발달한다고 믿었다. 각 단계는 특성, 욕구, 학습 스타일이 서로 다르다. 각 단계를 지나갈 때마다 어린이들은 신체적 변화뿐만 아니라 심리적 변화도 겪는다. 어린이가 각 단계에서 보여주는 기능적인 차이를 어른이 이해한다면 부모역할이나 교육을 할 때 각 단계의 특성에 맞게 상호작용하고 어린이들에 대한 기대도 다르게 할 것이다.

첫 번째 단계는 0~6세이다. 즉 유치가 모두 빠질 때까지가 첫 번째 단계이다. 출생직후의 신생아와 6세의 차이를 비교해 보면 이 시기의 변화는 경이롭다는 것을 알 수 있다. 즉 이 시기의 변화는 신체적인 성장도 매우 뚜렷하지만 무기력하고 말도 못 하던 어린아이가 고든 동작을 잘 조절하고 말을 자유자재로 할 수 있는 어린이가 되어 있는 것을 볼 수 있다.

이 시기의 학습은 어린이 내부로부터 시작된다. 어른이 할 일은 어린이를 가르치려 하기보다는 스스로 배우려는 어린이 내면에 있는 교사가 어린이 스스로를 잘 가르칠 수 있도록 환경을 잘 마련해 주는 것이다. 예를 들면 어린이는 누가 가르쳐 주지 않아도 자신의 팔다리토 움직이는 것을 연습하기 위해 근육을 쓰는 연습을 시작한다. 이때 어른은 어린아이가 움직이는 연습을 할 수 있는 자유를 주어야 한다. 또한 어린이가 청각이나 언어장애가 없는 한 어른들이 사용하는 언어를 특별한 노력이 없이도 완전히 흡수하여 듣기와 말하기 능력을 갖게 된다. 또한 6세 이하의 어린이는 어른들이 제공하는 환경 안에서 일어나는 모든 일들을 동시다발적으로 끊임없이 탐색한다. 6세가 끝날 무렵부터 어린이들은 직접적인 가르침을 받을 준비가 된다.

두 번째 단계는 6~12세이다. 6~12세는 0~6세 시기와 비교했을 때 지속적인 변화보다는 안정적으로 성장하고 지식이 매우 확장되는 시기이다. *사람은 배우고자 하는 열망이 있을 때 가장 잘 배울 수 있기 때문에 이 시기는 배움을 위한 모든 씨앗을 뿌리는 시기이다.* 0~6세 시기에 "이건 뭐야?"라는 질문이 많았다면, 6~12세 시기에는 "어떻게?", "왜?", "언제?", "어디서?", "물이 어떻게 해서 수도꼭지에서 흘러나오나요?", "달은 왜 커졌다 작아졌다 하나요?", "공룡은 언제 살았어요?", "아이는 어디에서 왔어요?" 등으로 질문이 바뀐다.

어린이 탐험가들은 가정이나 학교에서 제공하는 환경 이상을 탐색하고 싶어 한다. 그래서 자연 속에서 진행되는 캠프, 현장학습, 과학박물관, 식물원, 어린이 연극, 영화, 음악회들을 즐거워한다. 어린이들은 다른 어린이들과 함께 지내고, 운동을 하고, OX 퀴즈 하는 것을 좋아한다. 어른들이 제공하는 모든 경험을 통해서 어린이들은 다양한 정보를 얻고, 문화, 가치관, 사회적 기술들을 배운다.

세 번째 단계는 사춘기에 해당하는데 약 13세~18세까지이며 청소년기라고 부른다. 세 번째 단계의 전반부인 12~15세는 신체적 성숙에 따라 신체 변화가 매우 크게 나타나는 혼돈의 시기이다. *이 시기의 특징은 불안정하다는 것이다. 질서가 없고 반항의 징조를 보인다.* 몬테소리는 12~15세의 청소년들은 전통적인 교실에서 보면 불안정하고 부모들로부터 독립하고자 하는 욕구가 있다는 것을 관찰을 통해서 알게 되었다. 몬테소리는 십 대 청소년들은 가족보다는 믿을만한 어른들이 지도하고 가정을 떠나서 이루어지는 신체 활동이 동반된 진짜 체험을 통해서 더 잘 배운다고 하였다. '농장학교'라는 저서에서 몬테소리는 청소년들은 자신이 진짜로 생산한 물건을 팔면서 경제를 배우거나, 목수일, 농사일, 동물 돌보기 및 여러 직업들을 경험해 보게 해야 한다 하였고 이런 경험들은 사회생활의 요소들을 배우는 경험의 학교가 된다고 하였다.

청소년들(어린 어른)은 자신들의 외모가 변해가는 것, 친구들의 의견, 친구들 사이에서의 인기도에 대해 예민하다. 자신들의 미래가 불확실하기 때문에 열등감이나 불안, 우울감으로 인해 예민한 것이다. 청소년을 지도할 때는 자신감과 자존감을 키워주는 것이 가장 중요하다. *청소년들은 어린이의 시기를 이미 지났기 때문에 어린이처럼 대하면 절대 안 된다. 청소년들은 무시해서는 안 되며 매우 가치 있는 존재로 대우해 주는 것이 중요하다.*

16~18세가 되면 청소년들은 불안정한 시기가 지나고 성숙한 모습을 보이게 된다. 자동차 운전을 하거나, 새로운 책임을 갖거나, 돈을 벌기 위해 일을 하거나, 더 수준 높은 학습에 도전할 준비가 되어, 보다 어른스러운 행동을 하게 될 것이다.

첫 번째 단계(0~6세)의 중요성

몬테소리는 결과적으로 인생의 첫 번째 단계(0~6세)가 인생전반에 걸쳐 가장 중요한 영향을 미치는 단계라고 하였다. *인생에서 가장 중요한 시기는 대학에서 공부하는 시기가 아니라 인생의 첫 번째 시기 즉 0세~6세까지이다. 왜냐하면 이 시기에 인간의 지적인 능력(지능)이 형성되기 때문이다. 지적인 능력뿐만 아니라 심리적인 힘(능력) 전체가 형성되기 때문이기도 하다.*

몬테소리가 말하는 생명의 힘, 정신적인 힘(psyche & psychic power) 이란 무엇일까? 미국 헤리티지 사전의 정의에 따르면 프쉬케(psyche)의 첫 번째 의미는 신체와 구별되는 정신 또는 영혼이다. 두 번째는 사고, 감정 그리고 행동의 중심이 되는 정신 기능이며, 의식적이든 무의식적이든 자신의 신체를 사회와 심리적 환경에 연결시키려는 작용이다. 몬테소리는 프쉬케라는 단어를 특별히 정의하지는 않았지만 두 번째 의미로 사용하였다. 즉 프쉬케는 어린이가 0~6세 때 하는 행동과 배움을 무의식적으로 이끌어가는 힘으로 보았다. 0~6세 시기의 교육은 어린이가 타고난 심리적인 능력(정신적인 힘)을 펼쳐나가는 것을 돕는 것이어야 한다고 하였다. 그래서 교육이 말로만 가르치는 전통적인(기존의) 방법을 사용할 수는 없다고 하였다. 어린이를 행동하게 만드는 내면의 교사가 어린이 스스로를 잘 가르치도록 하기 위해 어른들의 판단으로부터 어린이를 방어해 주는 보호자 역할을 하는 요소가 천부적으로 어린이에게 내재해 있다고 보았다.

0~3세 시기의 육아에서는 어린이 내면의 교사를 매우 존중해야 한다. 즉 어린이가 스스로 하고자 하는 것을 존중해야 한다. 어린이 내면의 교사가 존재한다는 것을 모르는 어른은 어린이가 하고자 하는 것을 방해할 수 있기 때문에 몬테소리는 어린이 내면의 교사를 존중해야 한다는 것을 여러 번 반복해서 강조했다. 어린이가 잘 성장하기 위해 결정적으로 중요하고 강력한 어린이의 본능에 대해 잘 모르는 부모들은 어른들을 위한 환경 안에서 어른들의 일정을 따르다 보면 어린이가 왜 그런 행동을 하려고 하는지 물어보지도 않고 어린이가 성장하려는 노력을 제지할 수 있다. 그렇다고 어린이들의 행동을 모두 허용하고 훈육을 하지 말라는 뜻이 아니다. 어린이의 발달에 필수적인 행동이 무엇인지 알아야 하고 어린이가 발전할 수 있는 조건을 만들어 주어야 한다는 뜻이다.

인간의 일상성을 형성한다는 것이 무엇인지에 대해 정의를 내린다면 … 어린이들이 하고자 하는 이 위대한 일들이 부모의 권위를 무시하는 것이 아니라는 것이다. 부모는 어린이를 만들어가는 사람이 아니라 어린이가 스스로를 만들어가는 과정의 협력자라는 것을 납득하게 되면 부모는 자신들이 해야 할 일을 훨씬 더 잘할 수 있게 된다.

인생의 첫째날

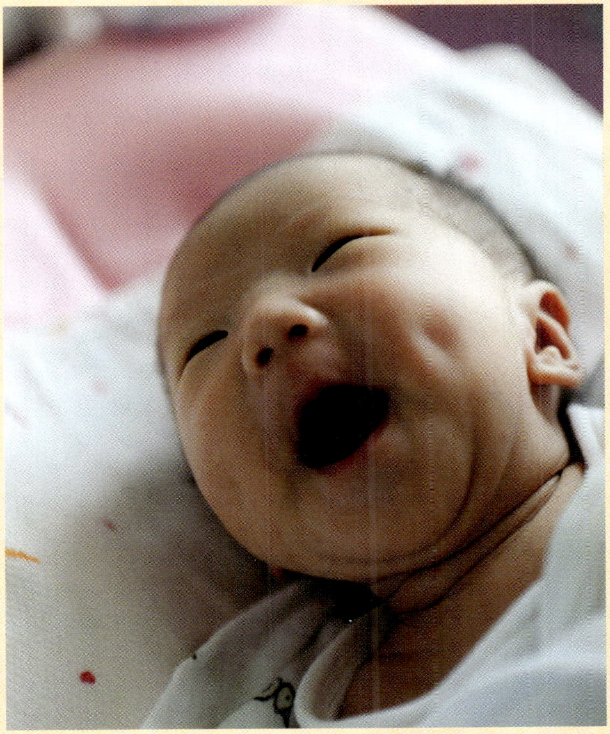

몬테소리 이전 시대에는 영아를 돌볼 때 물리적 환경에 초점을 맞추었다. 그러나 몬테소리는 어린이들의 심리적 욕구에 대해 예리한 감각을 가지고있었기 때문에 어린아이가 엄마 배 속에 있다가 세상에 나왔을 때 겪는 심리적 충격에 대해 염려하였다.

엄마의 자궁 안에는 양수가 있기 때문에 태아들이 힘들이지 않고도 둥둥 떠 있었다. 엄마의 배 속은 어둡고, 따뜻하고, 엄마의 몸이 움직이는 느낌을 경험하고, 소리를 듣는다. 신생아가 태어날 때 밝은 불빛 아래 엄마의 몸 안에서와는 다른 소리와 실내온도 그리고 공기를 마시면서 숨을 쉬는 첫 경험을 상상해 보라. 신생아들의 고통을 최소화하려면 적어도 생후 며칠 동안은 엄마를 접촉하면서 함께 있어야 한다. 따스함, 빛, 소리 등이 출생 전과 크게 다르지 않도록 해주어야 한다. 신생아가 생후 며칠 동안 약간 어두운 방에서 엄마 몸에 기대어서 지낸다면, 세상에 나올 때 겪는 충격을 줄일 수 있을 것이다. 신생아는 엄마 젖을 먹으면서 따뜻한 엄마의 몸을 느낄 수 있어서 위로가 될 것이며 엄마 배 속에서 들었던 친숙한 엄마 심장 소리를 들을 수 있게 된다.

신생아가 엄마의 몸 안에 있다가 세상으로 나왔으니 단순히 자리가 바뀐 것이라고 생각할 수도 있다. 그러나 엄마와 아이의 관계는 아직도 같다. 며칠간의 휴식은 엄마와 아이 모두에게 출산과 출생의 고통을 회복하고 사랑과 보살핌의 유대관계를 형성할 수 있게 한다.

첫돌까지의 육아

신생아가 밝은 빛에 점차 적응하게 되면 주위를 둘러보기 시작한다. 몬테소리는 *부모가 알아야 할 첫 번째 사실은 신생아가 자신의 환경 안에 있는 모든 영양소들을 흡수하여 받아들인다는 점이다. 신생아는 주위에서 보고 흡수하는 것에 따라 자신을 형성한다. 따라서 인생의 출발점에 있는 신생아에게는 재미있고 매력적인 환경을 마련해 주어야 한다.* 라고 하였다.

가장 중요한 것은 엄마의 얼굴이다. 엄마는 아이를 직접적으로 쳐다보면서 눈을 맞추고, 미소 지으며, 흥얼거리기도 하고, 노래도 부르며, 말을 하기도 한다. 이때 아이는 첫 번째 만나는 대상인 엄마와의 포근한, 사회적 접촉 경험을 그대로 흡수한다. 아이는 점차 다른 사람 얼굴도 보고 주위의 물건들도 보지만 이내 엄마 얼굴을 다시 보면서 엄마의 인정을 받고 싶어 한다.

어린이가 주변을 둘러보기 시작할 때 주위에 아름답고 석깔이 고운 물건들을 어린이의 시선이 닿는 곳에 준비해 주는 것은 매우 중요한 일이다. 어린이를 어두운 방에 두거나, 덮개가 있는 유모차에 태우고 다니면 어린이들은 시각적이고 감각적인 자극을 받을 수가 없다. 좋은 늘이방이라면 *벽에 아름다운 그림들로 장식되어 있고 약간 비스듬하게 기대서 전체 풍경을 볼 수 있어야 한다. 천장만 바라보고 누워있게 하면 안 된다.*

엄마가 손가락을 아이 손바닥에 대면 아이는 작은 손가락을 오므리면서 엄마 손가락을 감싸는데 이때 부드러운 정서적 교감이 이루어진다. 엄마 손가락을 움켜쥐는 이 행동은 무의식적으로 이루어지는 것이지만 아이가 처음으로 손을 통해서 반응하는 것이다. 몇 개월이 지나면 아이는 엄마의 머리, 안경 등 가까이 있는 물건에 의도적으로 손을 뻗어 잡으려 한다. 어린이가 *손을 뻗어 물건을 잡으려 할 때 비로소 어린이가 물건에 관심을 가진다고 본다. 물건을 잡는 행동은 처음에는 무의식적으로, 그러다가 차츰 의식적으로 이루어진다. 어린이를 관찰해보면 어린이는 발이 아니라 자신의 손에 관심을 가진다. 처음에는 무심코 물건을 잡았지만 점차 빠른 속도로 발전되면서 점점 의도적으로 물건을 잡는다.* 어린이의 손이 닿는 곳에 딸랑이나 부드러운 장난감을 주어서 아이가 손쉽게 물건을 쥐는 연습을 할 수 있도록 도와주어야 한다.

어린이는 언어를 어떻게 배우는가?

어린이들은 말을 시작하기 수개월 전부터 즉 생후 몇 개월만 지나도 어른들이 하는 말(모국어)을 흡수하기 시작한다.

몬테소리는 '흡수정신'이라는 저서에서 *어린이들이 어떻게 해서 말을 할 수 있게 되는가? 주위에서 나는 수많은 소리, 잡음 중에서 어떻게 언어를 구별해 내는가? 어린이는 … 수많은 소리들 중에서 인간의 언어만 구별해서 말한다. 전화벨 소리나 강아지가 짖는 소리와는 다르게 인간의 목소리는 어린이들에게 더 깊은 인상을 남기기 때문이다.* 다시 말하면 인간의 소리는 아주 깊은 감정을 블러일으키기 때문이다. 사람의 목소리는 울림이 깊어서 어린이들은 자신도 말을 해보려는 보이지 않는 노력을 많이 해서 결국 말을 할 수 있게 된다.

부모가 말을 직접적으로 가르치지 않아도 부모는 말을 들려줌으로써 모델이 되고 있다. 부모가 어린 아이들에게 말을 할때는 아이가 어른의 입술을 볼 수 있게 해주면서 아주 일찍부터 발음을 분명하게 사랑스럽게 하면서 물건의 이름을 말해주어야 한다.

"이건 네 셔츠야!", "자, 이제 목욕할 거야", "엄마가 발에 뽀뽀해 줄게". 소리 지르거나, 침묵하거나, 등을 돌리고 말을 하면 어린이를 자극하지 못하기 때문에 언어발달이 일어나지 않는다.

어른들의 대화를 들음으로써 어린이는 발음, 억양, 문법 구조들을 흡수한다. 어른들이 숄에 감싸서 안거나, 아기 바구니에 앉혀서 어린이를 세워서 안고 얼굴을 보면서 말을 들려줄 때 모든 어린이들은 인종에 관계없이 생활 속의 언어를 흡수하여 받아들인다. 어린이들이 말을 시작하기 전에 이런 자세로 어린이에게 말을 들려주는 것은 매우 좋은 자세이다. 요즘 부모들은 어린이를 안는 띠로 감싸서 앞으로 안고 다니면서, 어린이를 돌보면서 어린이가 언어를 흡수할 기회를 준다. 이렇게 안고 다니면 어린이들은 우는 일이 거의 없다. 왜냐하면 어린이는 자기 주변에서 보고 듣는 것이 즐겁고 부모와 항상 가까이에 있기 때문이다.

어른들의 말을 온전하게 들으면서 어른들의 행동을 볼 수 있을 때 어린이들은 말의 뜻을 명확하게 알게 된다. 그리고 이 과정을 통해서 문장의 구조를 조금씩 알아간다. 이런 방법이 한 단어씩 말해주는 것보다 훨씬 더 중요하다. 행동과 함께 보여주는 살아있는 생활언어이기 때문이다.

어린이들이 말을 점차 이해하기 시작하게 되면 어린이가 듣고 있을 때 부적절한 말을 해서는 안 된다. 어린이와 논쟁하거나, 싸움에 대한 이야기, 다른 사람에 대한 부정적인 말, 적합하지 않은 잡담을 해서는 안 된다.

동작의 중요성

어린이를 키울 때 편안한 자리에 누워서 모든 근육을 움직일 수 있게 균형을 맞춰주는 것도 중요하다. 어린이들의 근육이 발달하는 시기이기 때문이다. 평평한 곳에 눕혀주면 어린이들은 발로 차고, 엉덩이를 세우고, 뒤집고, 기어다니는 것을 연습함으로써 일생에 걸쳐 사용하게 될 근육과 정신을 단련할 기회를 가진다. 인간은 동물들과 다르게 몸을 잘 움직일 수 있는 상태로 태어나지 않는다. … 동물의 새끼들은 태어나자마자 걷고, 달리고, 뛸 수 있다.

인간은 세상에 태어날 때 동작을 배우는 시기를 거치지 않았기 때문에 자유롭게 움직일 수 있는 능력이 없다. 연습을 해야 다양한 동작들이 가능하다. : 공예, 곡예, 무용, 음악, 운동 등을 할 수 있는 탁월한 재능이 아직은 없다. 이런 동작들은 시간이 흐른다고 저절로 습득되지는 않는다. 연습을 해야 습득할 수 있는 동작들이다.

동작을 연습하는 것은 생후 몇 개월 지나지 않아서 시작된다. 부모들이 어린이가 본능적으로 어떤 동작을 연습하려고 한다는 것을 모르면 어린이가 어떤 동작을 시도할 때 하지 못하도록 무심코 제지할 수가 있다. 어린이가 이불을 걷어차면 감기에 걸릴까 봐 이불을 꼭 감쌀 수도 있고, 풀어버릴 수 없게 단단하게 매여있는 담요를 덮어줄 수도 있다. 어깨부터 발끝까지 하나로 되어있는 헐렁한 유아복을 입히면 감기에 걸리지도 않고 자유롭게 발차기도 할 수 있으니 훨씬 좋은 방법이다.

어떤 소아과 의사들은 영아들은 등을 바닥에 대고 바르게 눕혀야 영아 돌연사를 줄일 수 있다고 한다. 그러나 오랫동안 등을 대고 누워있으면 고개를 들어 올리는 것을 배울 수 없기 때문에 하루에 2번, 한 번에 15~20분 정도는 배를 바닥에 댄 자세로 엎어 놓아야 고개 드는 연습을 할 수 있다. 엎어서 뉘어 놓으면 고개를 들고 발차기를 하는 방향도 달라지며 팔을 뻗어서 어깨 근육을 단련시켜 마침내 뒤집기를 배울 수 있다. 어린이들에게는 어떤 동작을 하는 방법을 설명해 주기가 불가능하기 때문에 부모들이 할 수 있는 것은 어린이들이 움직일 수 있는 자유를 주는 것이다.

영아를 위한 가정환경 꾸미기

영아들은 생후 6개월이 지나야 움직임을 연습하기 시작한다. 어린이가 손과 무릎을 당기기 시작하면 기어다니고, 걷고, 올라가는 등 모든 물건을 만져보려고 할 것이기 때문에 환경을 그에 맞게 바꾸어야 한다. 어린이들이 원하는 동작을 모두 할 수 있으면서도 집이 엉망진창이 되지 않도록 하려면 어떻게 해야 할까? 안전장치가 안된 계단은 없는가? 마룻바닥에 전기선은 없는가? 뚜껑이 없는 소켓이 벽 아래쪽에 있지는 않는가? 어린이가 쉽게 손이 닿는 식탁보나 냅킨은 없는가? 넘어질 수 있는 전등은 없는가? 책상 모서리가 날카롭지는 않는가? 집어삼킬 수 있는 물건은 없는가?

어린이들이 탐색하여 자세히 알아낼 만한 물건이나 재미있는 일이 있는가? 마룻바닥에 가까이 벽면 아래쪽에 긴 거울을 붙여놓았는가? 멋진 그림들을 코팅하거나 유리액자에 넣지 않고 그대로 볼 수 있게 영아들의 눈높이에 맞게 벽에 걸어 놓았는가? 아이들이 밖을 바라볼 수 있도록 창문이 낮게 달려있는가? 나이에 맞는 장난감이 있는가? 멋진 음악이 있는가?

어린이들은 생후 몇 개월을 어른들에게 맞게 꾸며진 가정환경 속에서 생활한다. 어린이의 눈높이에서 바라본 집안의 모습이 어떻게 보이는가를 알아보려면 부엌에서 어린이들의 키 높이로 쪼그리고 앉아서 집안을 바라보면 된다. 식탁에 앉아 있을 때 어른들은 다른 사람의 얼굴이 보이지만 어린이는 사람들의 다리와 식탁의 다리만 보인다. 영아들을 위한 환경이 꼬마

탐험가인 어린이에게 안전하고 재미있으려면 마룻바닥에 앉아서 어린이의 눈높이에 무엇을 놓을 것인지 결정해야 한다.

어린이들은 물건들을 만져보고자 하는 욕구가 매우 강하기 때문에 눈에 보이는 것은 무엇이든 손으로 만진다. "만지지 마"라는 말은 어린이의 본능과 갈등을 일으키게 된다. *어른들의 환경이 어린이에게는 생명을 불어넣어 주는 환경이 아니다.* … 즉 어린이 손이 닿는 위치에 깨지는 물건을 놓아두고 만지지 말라고 하는 것은 *장애물들을 쌓아 놓은 환경이 된다.* 라고 몬테소리는 말했다. 만 3세 이하의 어린이가 자신의 본능적인 욕구와 반대되는 명령에 복종하기는 불가능하다. 어린이는 손이 닿는 곳에 놓인 물건들을 만지다가 깰 수도 있고, 이로 인해 혼나기도 하는데 이는 어린이가 있는 집에서 물건을 적절하지 않은 곳에 잘못 놓아두었기 때문에 생기는 일들이다. 특히 탁자 위에 놓아둔 물건들은 어린이가 손이 닿기 때문에 이런 일들이 자주 생긴다. 꽃병이나 물병 같은 것들은 당분간 어린이 눈에 보이지 않고 손이 닿지 않는 곳에 두어야 한다. 이 물건들을 다시 꺼내 놓을 때는 이 물건들은 어디에 사용하는 것인지 설명을 해주고 어른이 조심스럽게 다루는 시범을 보여야 한다.

탁자나 부엌의 하부 수납장들은 어린이들이 탐색하고 싶어 하는 곳이다. 특히 손잡이가 어린이의 손이 닿는 곳에 있으면 어린이들은 문을 열어서 그 안에 무엇이 있는지 알아보고 싶은 호기심이 강하게 발동한다. 이런 일들을 예상할 수 있는 부모라면 깨지는 접시나 날카로운 주방 도구, 화학 세제 같은 것들을 주방 하부 수납장에 놓지 않고, 어린이 손에 닿지 않는 곳에 놓아둠으로써 사고나 충동적인 행동을 막을 수 있다. 대신 영아들이 즐겁게 가지고 놀 수 있도록 금속 냄비, 프라이팬, 냄비 뚜껑, 거품기, 종이컵, 플라스틱 그릇이나 물병 접시 등을 넣어둘 수 있다. 어떤 부모들은 주방 하부장에 주방 도구처럼 만들어진 놀이감을 넣어주어서 어린이가 요리하는 흉내 내기를 해볼 수 있게 해주기도 한다.

바쁜 부모들은 어린이들의 안전을 위해 놀이 울타리나 아기 침대에 눕혀 어린이들의 행동을 제한하는 경우가 있다. 이것들은 어린이들이 집안을 자유롭게 돌아다니고 싶어 할 시기에 적절하게 균형을 유지하도록 하는 데 아주 좋은 방법이다.

다행히 요즘에는 더 크고 사용하기 좋은 울타리들이 나와서 영아들이 사용할 수 있는 공간이 더 넓어졌다. 그래서 어린이들에게 심지어 쌍둥이인 경우에도 기어보거나 걷기 연습을 하기에 충분한 보호 공간을 제공할 수 있다. 어린이가 단단한 책상다리 주변이나 모가 난 모서리를 돌기 시작하면 어린이의 행동을 제한하기보다는 몇 달 동안은 가구에 보호장비를 테이프로 감싸둘 수 있다. 영아가 기어다니기 시작하면 마룻바닥의 상태나 마룻바닥에 떨어져 있는 작은 물체들이 중요한 문제가 된다. 어린이들이 작은 물체들을 집어삼켜서 질식할 수도 있다. 기어다니는 시기의 어린이들은 모든 것을 손에 쥐어 입에 넣으려고 하기 때문이다. 그래서 바닥이 더럽지 않도록 각별히 주의를 해야 한다. 더러움 때문에 어린이들이 마룻바닥에서 기어다니는 것을 제한하면 어린이들의 신체적·정신적 발달이 늦어질 수도 있다고 몬테소리는 말하였다. *어린이들의 정신 발달은 동작을 통해서 이루어진다. … 어린이를 관찰해본바에 의하면 어린이들은 무언가를 이해하기 위해서 움직인다는 것을 알게 되었다.* 가정환경에 걱정거리를 만들어 놓거나 부모의 행동이 어린이의 자유로운 운동을 제한하지 않도록 해야 한다. 어린이가 자유롭게 운동할 수 있을 때 정신과 신체 발달이 가장 잘 이루어진다.

민감기

어린이가 움직이기 시작하면 발달의 속도가 매우 빨라진다. 만 3세까지 3년 동안 일어나는 발달은 경이롭다. 3년이라는 짧은 기간에 어린이가 배우는 모든 것에 대해 생각을 해보자. 가장 뚜렷한 것은 언어를 완전히 -발음, 억양, 시제, 문장구조, 의미를- 배운다는 것이다. 일어나 앉기, 일어서기, 걷기, 달리기, 뛰기, 계단을 기어오르기, 뛰어오르기, 밀기, 쥐기, 먹기, 화장실 사용법들도 배운다. 사람들의 이름을 알게 되고, 자동차, 토스터, 오븐, 샤워기, 전화기, 세탁기, 드라이기 등 가정에 있는 많은 물건들의 용도를 배운다. 인생의 첫 3년 동안에 다른 어떤 시기보다 더 많이 배운다. 그리고 이 지식들은 평생동안 기억하고 사용하게 된다.

이런 배움은 공식적인 가르침이 없이 일어난다. 이 시기의 어린이들은 특별한 능력, 즉 어린이의 발달을 이끄는 내면의 체계인 민감기를 지나고 있기 때문이라고 몬테소리는 말한다. 기어다니기, 걷기, 달리기, 기어오르기, 뛰어오르기, 뛰어내리기 등을 배우기 위해 이런 일에 강하게 끌리는 기간이 있다는 것이다. 경사로, 골목길, 문, 서랍, 수도, 단추, 신발 같은 환경의 어떤 부분들이 어린이의 눈에 들어와서 어린이가 달리고, 뛰고, 기어오르게 하고 싶게 만드는 것이다. 이런 기술들을 다 배우고 나면 골목길이나 경사로 같은 환경에 대한 관심이 사라져 버린다. 어린이들이 걷고 달리고 기어오르고 싶어 하는 민감기에 있는 동안에 이런 기술을 배우면 쉽고 완전하게 잘 배울 수 있다.

부모들은 어린이들이 특정한 동작을 반복하면서 기뻐하는 몇 가지의 민감기를 지나는 것을 볼 수 있다. 내 아들은 2.5세 때 전등 스위치를 껐다 켰다 하기를 아주 좋아하는 민감기를 거쳤다. 그 아이는 어떤 식으로든 기어 올라가서 벽에 있는 스위치를 켰다 껐다 하곤 했다. 스위치가 손에 닿지 않으면 블록에서 기둥 모양을 가져와서 그걸로 스위치를 켜기도 했다. 아이가 모든 불을 켜놓고 다녀서 우리는 불을 끄려고 이방 저방을 왔다 갔다 해야 했다. 만 4세 때는 단추를 잠갔다 풀었다 하는 것에 대한 민감기를 지나고 있는 것을 보았다. 내 옷 중에 단추가 끝까지 달린 파란 원피스를 보면 아이는 자기가 단추를 끝까지 풀었다 잠그고 싶어 해서 5분 정도를 기다려 주곤 하였다.

어른들이 계단을 올라갈 때는 2층에 있는 어떤 물건을 가지러 간다든지 하는 특정한 목적이 있어서 올라가는 것이다. 그러나 민감기에 있는 어린이들은 자신의 내면에서 나타나는 특정한 동작을 연습하라는 내적 충동에 의해서 계단을 올라가는 것이다. 어린이들은 위로 올라가고 싶어 하는 강한 충동을 가지고 있기 때문에 계단을 보면 기뻐한다고 몬테소리는 말했다. 계단을 내려오는 것이 더 어렵기 때문에 아이가 계단을 내려오는 것은 부모들이 도와야 한다. 어린이가 계단을 올라가는 것이 계단 오르기를 연습하려는 내적 동기로부터 나온 것이라는 것을 이해하지 못하는 어른들은 어린이의 이런 행동에 실망하고 화가 날 수도 있다.

몬테소리는 목적 없어 보이는 이런 행동들도 어린이들이 동작을 조화롭게 완성시키기 위한 연습이라고 하였다. 이런 긴 과정을 이해하고 어린이들이 연습할 시간을 주면서 적절한 도움을 주는 부모와 살고 있는 아이들은 행운아이다.

독립심의 발달

*"어린이의 모든 행동은 독립심을 얻기 위한 것이다"*라고 몬테소리는 말한다. 어린이는 엄마의 자궁으로부터 독립했고, 엄마 젖을 떼면서 독립하고, 걷기를 배움으로써 엄마가 안아서 데리고 다니는 것으로부터 독립했다. 엄마가 밥을 먹여주는 대신 혼자서 밥을 먹고, 혼자서 옷을 입을 수 있게 됨으로써 엄마로부터 독립한다. *이런 과정을 주의 깊게 살펴보면 다양한 부분에서 독립을 이루어나가는 연속적인 과정임을 알 수 있다.*

어린이가 독립이라는 목표를 달성하는 과정에서 민감기가 중요한 역할을 한다. 어린이를 돌보는 어른들은 어린이가 독립을 이루어 가는 여러단계 - 특히 자기 자신을 스스로 돌보기 위한 단계들 - 를 잘 이해해야 한다. 예를 들어 숟가락으로 음식을 떠먹여 주려 하면 아이가 스스로 숟가락을 잡으려 하는 것을 볼 수 있는데 이는 아이가 스스로 숟가락을 사용할 준비가 되었다는 신호일 것이다. 이런 신호를 감지하면 아이가 스스로 숟가락을 사용할 수 있는 기회를 주어서 아이가 독립하고자 하는 가상한 노력을 도와야 한다. 주스, 푸딩, 채소를 갈아 만든 음식 등 아이가 숟가락을 사용하기 쉬운 음식에서부터 스스로 먹기를 연습하도록 해줄 수 있다. 아이가 처음 숟가락을 사용할 때 어른이 스트레스를 받지 않으려면 세탁하기 쉬운 옷을 입히고, 식사용 어린이 의자에 앉혀서, 쟁반에 음식을 담아서 주면 아이가 음식을 흘리는 것을 더 잘 참을 수 있다. 어른들은 우아한 옷이나 멋진 식탁보를 좋아하겠지만 어린이가 필요한 기술을 연습할 때는 이런 옷들은 적합하지 않다.

음식먹기를 독립적으로 하도록 도우려면 처음에는 손으로 집어 먹을 수 있는 음식, 즉 시리얼, 크래커, 바나나 조각, 치즈 조각, 계란 부침 같은 것을 손으로 먹도록 하는 것에서부터 시작할 수 있다. 음식을 집어서 입에 넣는 행동이 손의 소근육발달을 도울 것이다.

작은 숟가락, 포크를 주면 어린이들은 좋아하고, 더 쉽게 스스로 음식을 먹을 수 있게 된다. 어린이들은 주스나 우유도 스스로 따르고 싶어 하기 때문에 조금 큰 병에 담아주고 손잡이가 있는 작은 컵에 스스로 따르도록 기회를 주는 것이 좋다. 어린이가 시리얼을 먹을 수 있는 나이가 되면 시리얼 상자에 1인분만 담아놓고 어린이가 스스로 그릇에 따라 붓도록 해주면 좋다. 그리고 나서 작은 물병을 이용해서 우유를 시리얼 그릇에 따를 수 있다.

우리는 어린이들이 독립적인 행동을 보이면 기뻐하면 된다. … 그러나 … 이런 발달의 과정을 생활 속에서 경험하지 못하게 되면 어린이는 퇴행하거나, 발달 속도가 느려질 수 있다. 모든 부모들이 특히 아침 바쁜 시간에는 어린이들이 이 모든 것을 스스로 하도록 허용할 시간이 없을 수 있다. 그러나 어린이 스스로 해보게 하는 것이 중요하다는 것을 알았다면 어떤 것은 부모가 해주더라도 한가지라도 어린이가 해보도록 해야 한다. 그리고 저녁이나, 주말, 또는 출근하지 않는 날에는 발달을 돕는 과정들을 더 많이 허용해야 한다.

스스로 옷 입기는 어린이들의 독립심을 기르는 중요한 단계이다. 스스로 옷 입기가 한꺼번에 되지는 않지만 작은 성공들이 모여서 완성이 된다. 처음에는 슬리퍼를 혼자 신어보게 할 수 있다. 그다음으로 양말 신기를 하게 해본다. 찍찍이가 있는 신발을 준비해 주어서 혼자 신어보도록 하면 쉽다. 신발 끈을 혼자서 매는 것은 어려운 기술이다. 셔츠, 블라우스, 바지, 원피스, 잠옷 또는 앞치마도 앞에서 잠글 수 있는 것을 사주면 독립심 발달이 더 잘될 수 있다. 단추, 지퍼, 똑딱이들이 뒤에 있으면 누군가가 잠그는 것을 도와주어야 한다. 단추를 스스로 잠글 수 있게 되었을 때 맨 아래 단추부터 채우는 것을 보여주면 어린이 스스로 단추와 단춧구멍을 잘 맞출 수 있다.

어린이의 첫 번째 본능은 다른 사람의 도움 없이 스스로 자기 행동을 완수하는 것이다. 그래서 독립하겠다는 의지를 자기를 도와주는 사람에게 저항하는 것으로 나타낸다. 그런데 어린이가 아직 혼자서 할 수 없는 일을 하겠다고 완강하게 저항하면 부모나 어린이 모두가 스트레스를 받는다. 반면에 어떤 어린이들은 스스로 옷을 입지 않으려고 할 때도 있다. 어린이가 스트레스를 받거나 안 하려고 하면 어른이 도우미의 역할을 할 수 있다.

"네가 한쪽 팔을 혼자서 끼우면 내가 다른 한쪽을 끼워줄게", "네가 발가락을 신발에 넣으면 내가 발을 밀어 넣어줄게"

작은 단추나 지퍼 올리기를 어려워 하면 어른 옷에 있는 큰 단추나 지퍼 올리는 것을 연습해 보게 할 수 있다. 이것도 어려우면 천에 단춧구멍을 뚫고, 다른 쪽에 단추를 달아서 연습하게 할 수 있다. 이때 단춧구멍을 크게 해서 잠그기 쉽게 해주어야 한다.

어린이들은 자기가 입고 싶은 옷을 고르게 하면 더 스스로 입고 싶어 한다. 어린이가 부적절한 옷을 선택하지 않게 하려면 가장 아래쪽 서랍에 그날에 맞는 옷 2~3가지만 넣어 놓고 그중에서 선택하게 하면 좋다. 드레시한 옷이나 계절에 맞지 않는 옷은 다른 곳에 넣어둔다. 아침 바쁜 시간에 아이가 혼자서 옷을 입게 하는 것은 어려울 수 있다. 혼자 옷 입기의 중요성을 인식한 부모들은 전날 저녁에 내일 아침 입을 옷을 미리 입어보는 연습을 하기도 한다. 저녁에 목욕이 끝난 후 속옷을 입고 내일 아침 입을 옷을 골라서 얌전하게 준비해 놓게 할 수 있다. 어떤 부모는 내일 입을 옷을 입고 자도록 했다고 하기도 했다. 그러면 아침에는 신발만 신으면 된다.

어린이의 독립을 돕는 또 다른 방법은 어린이 키 높이에 거울을 걸어 놓는 것이다. 그러면 "이리와 세수 시켜줄게"라는 말 대신 "거울 한번 보렴. 얼굴에 손볼 데가 있나 보렴"하고 말하면 된다. 어린이가 혼자서 세수하고, 손 씻고, 이를 닦을 수 있다면 세면대에 발판을 놓아주어서 혼자서 물을 틀어서 사용할 수 있게 해준다.

어린이가 독립하도록 돕는 것이 왜 그렇게 중요할까라는 의문을 가질 수 있다. 이렇게 생각해 보자. 당신이 어린이를 위해 모든 것을 해준다면 "너는 스스로 할 수 없어"라고 말하는 것이 된다. 어린이는 자신감을 기를 수 있는 경험이 부족할 뿐만 아니라 자신의 능력에 대한 자신감도 잃게 된다. 학교에서 이루어지는 학습은 어린이가 새로운 일을 해보려는 자신감에 따라 달라진다. 자신감이 형성되지 않으면 스스로 "나는 할 수 없어"라고 생각하거나 말하게 될 것이다. 어린 시절에 새로운 학습 과제를 받아들이는 힘을 길러주려면 "나는 네가 스스로 할 수 있다는 것을 알아"와 같이 어린이를 격려하는 메시지를 보내야 한다. *어린이가 독립심을 가지게 되면 자신을 도와주는 어른은 방해가 된다.* 몬테소리가 보내는 이 메시지를 당신이 매일 볼 수 있는 곳에 붙여 놓지 않겠습니까?

질서감을 어떻게 길러주나요?

유아기는 무질서하다고 생각하는 대부분 부모들의 생각과는 다르게 어린이들은 질서를 지키고자 하는 욕구가 매우 강력하다고 한다. 침실바닥에는 옷들이 널려있고 놀이방에는 부서진 장난감이 흩어져 있다. 이와같이 어지러운 환경은 어린이에게는 당황스럽고 의미 있는 경험을 찾기에는 스트레스를 많이 준다.

몬테소리는 우리가 주의 깊게 살펴보면, 어린이들은 질서 있는 환경과 일상생활이 순서대로 진행될 때 더 편안함을 느낀다는 것을 알 수 있다고 하였다. 어린이들이 놀이할 때를 보면 인형의 집에 인형들을 질서 있게 배열하고, 장난감 주차장에 자동차를 줄 맞추어 놓으며, 밤마다 동물모형들을 담요 위에 눕혀 놓는 것을 볼 수 있다. 어린이들은 거실의 가구들을 다른 자리에 배치했을 때, 또는 새로운 소파를 사서 거실에 놓고 옛날 소파가 없어진 것을 볼 때 불편해한다. 우리 아이들도 그랬다. 몬테소리는 말했다. *어린이들은 자신들의 기준에 따라, 혼란스러운 상태를 질서 있게 바꾸어 놓으려는 충동을 느낀다.*

어린이의 질서감을 발달시켜 주려면 부모들은 자녀들에게 어린 시절부터 어린이가 생활하는 환경을 단정하고 편안하게 마련해 주어야 한다. 어린이들의 옷과 장난감은 적정한 수량을 특정한 장소에 자기 물건만 보관할 수 있게 해주어야 한다. 아이들의 옷을 벗길 때 "엄마는 네 옷을 빨래 바구니에 넣을 거야" 또는 "이 옷을 옷걸이에 걸어둘게, 네가 내일 또 입을 수 있어"라고 말해주어야 한다. 그렇게 하면 아이가 걸을 수 있게 될 때부터 스스로 자기 옷을 빨래 바구니에 넣거나, 다시 입을 수 있도록 스스로 낮은 옷걸이에 걸게 된다. 이와같이 어린 시절부터 질서를 지키는 습관을 길러 줄 수 있다. 어린이가 자라면 자켓, 모자, 바지 등 여러 옷들을 걸 수 있게 더 많은 옷걸이를 마련해 주면 좋다. 나중에는 어린이의 옷장 안에 어깨높이의 옷걸이에 옷을 걸 수 있도록 옷걸이 봉을 설치해 준다. 손잡이가 있는 서랍장보다는 낮은 선반이 장난감이나 책을 질서 있게 정리하는 데 더 도움이 된다. 3~6세 몬테소리 교실에는 낮은 선반들을 준비해서 어린이가 쉽게 손이 닿을 수 있도록 준비해 준다. 교구들은 이 선반위에 각각 자기 자리를 정해 놓는다. 3살짜리 아이들도 이 교구의 자리가 어디인지 곧잘 알게 된다. 그리고 교구를 사용한 후에는 제자리에 기꺼이 돌려놓는다.

가정에서나 교실에서 질서 있는 행동을 할 수 있게 만드는 방법은 여러 가지 물건을 올려놓을 수 있는 선반을 많이 준비해서 어린이들이 물건을 제자리에 놓도록 하는 것이다. 대부분의 가정에서 사용하는 커다란 장난감 바구니는 장난감을 던져 넣게 되기 때문에 질서감을 기르는 데 도움이 되지 않는다. 어린이가 찾는 장난감이 바구니 바닥에 있을 경우 위에 있는 장난감들을 바닥에 모두 쏟아야 찾을 수 있기 때문이다.

장난감의 숫자가 어린이가 정리할 수 있는 능력의 한계를 넘지 않는 것이 가장 좋다. 모든 장난감을 선반에 놓을 필요는 없다. 세발자전거는 현관에 놓거나 차고에 넣어둘 수 있다. 공이나 블록은 바구니에 넣어둘 수 있다. 동물모형은 아이들의 침대 옆에 정리해 둘 수 있다. 뮤직박스는 창틀

위에 놓기와 같이 모든 물건이 놓는 자리가 정해져 있어야 한다.

장난감이 너무 많은 아이는 장난감을 소중하게 여기지 않고 잘 정리하지도 않는다. 자기가 좋아하는 장난감을 가지고 노는 즐거움을 모를 수도 있다. 그러므로 어린이에게 장난감을 사주는 것보다 적절하게 없애주는 것도 중요하다. 생활공간에 비해 장난감이 너무 많으면 일부를 다른 곳에 아껴두었다가 비 오는 날, 자동차 여행을 길게 할 때 아이가 아파서 집에 있을 때와 같은 날 주면 좋다. 장난감을 교대로 주면 아이들은 같은 장난감에 대해서도 새롭게 흥미를 느낀다. 새로운 장난감을 사주게 되면 기존의 장난감은 주위의 어린 동생이 있는 집에 주도록 하거나 장난감을 살 수 없는 가정을 위해 기증하는 경험을 가지도록 한다.

가정에서 질서를 유지하는 것은 교실에서보다 더 어려울 수 있다. 질서감을 가진다는 것은 한순간에 되는 일이 아니라 하나의 과정으로 보아야 한다. 어떤 날은 장난감을 잘 정리 할 수도 있고 어떤 날은 부모가 정리하는 것을 도와주어야 할 수도 있다. 물론 몹시 어질러진 날도 있다. 그러나 아이에게 질서감을 길러주는 것이 중요하다는 것을 이해한다면 부모역할을 하면서 질서감을 길러주는 것을 중요한 목표로 삼게 될 것이다.

질서를 가지는 것은 어린이의 물건을 정리할 때도 중요하지만 일상생활에서도 중요하다. 당신은 외출할 때나 집에 돌아왔을 때 행동의 절차가 있나요? 그때마다 안아주나요? 뽀뽀해 주나요? 식사 시간이 일정하나요? 식탁에서나 자동차를 탈 때 어린이에게 지정된 자리가 있나요? 식사 전 감사의 기도를 한다면 같이 식사하는 사람들과 항상 함께 기도하나요? 아침에는 식사 전에 옷을 갈아입나요? 식사 후에 옷을 갈아입나요? 어린이들은 이런 일들이 일정한 순서를 가지고 이루어질 때 편안하게 따른다. 어린이를 위해서 어떤 습관을 만들었든지 간에 성실하게 지키려고 노력을 해야하고 무언가를 변화시키려고 할 때는 미리 준비를 해야한다.

잠자리에 들 때는 일정한 의식이 더 중요하다. 잠자리 의식은 가정마다 다를 수 있지만 일관성 있게 지키는 것이 가장 효과적이다. 자기 전에 목욕을 하고, 이 닦고, 취침 전 기도를 하고, 인형을 침대 위에 놓고, 가족들에게 "안녕히 주무세요"라고 인사를 하고, 음악을 듣거나, 자장가를 들려주고, 불을 끄고, 이야기를 들려주거나, 동화책을 읽어주고, 안아주고, 뽀뽀해준다. 해가 지면 어떤 어린이들은 불안해한다. 어린이들은 어두움이나 혼자 자는 것을 두려워할 수 있다. 일정한 순서를 따라 진행되는 즐거운 행동하루 일과가 끝났다는 것을 확인해 주는 의식이 되는 것이다.

생일, 공휴일, 방학 때도 일정한 의식이 있는 것은 중요하다. 특별한 날의 의식이 일정하게 이루어지면 어린이들은 일상생활이 방해받는 느낌을 가지지 않고 이런 날들을 즐겁게 받아들인다. 내 아이들은 가족들을 위한 축하의식을 가장 즐거운 추억으로 간직하고 있다. *질서는 인생의 기본적인 욕구이기 때문에 잘 지켜지면 진정한 행복을 가져다준다.*

자녀에게 책 읽어주기

가장 즐겁고 유익한 일상은 아이들에게 책 읽어주기이다 아이를 무릎에 앉히거나 나란히 앉아서 어깨로 아이를 감싸안고, 책을 큰소리로 읽어주면 아이들은 책 읽는 즐거움을 느낀다.

몇 살부터 책을 읽어주어야 할까요? 트레레스(Jim Trelese)는 '큰소리로 책 읽어주기' 지침서에서 "어린이가 말을 들을 수 있는 나이가 되면 책을 읽어줄 수 있다. 책을 읽어주는 것도 언어이기 때문이다."라고 말했다. 모든 부모들은 아주 어린 아이에게도 말을 한다. 따라서 아이에게 책 읽어주기도 영아 때부터 시작할 수 있다. 그림책과 같은 간단한 책으로 시작하면 된다. 그다음에는 동시나 노랫말처럼 언어의 운율이나 리듬감에 대한 감수성을 자극하는 책들이 좋다. 어린이가 책의 뜻을 이해하기 전까지 책은 어린이에게 들려주는 언어로서의 소리일 뿐이다.

어린이가 자라서 부모가 읽어주는 책을 만지려 하면 질감이 다양하거나 주머니가 달린 책 등 모양이 특별한 책을 고르면 좋다. 감각적인 요소를 가지고 있는 책을 보여주면서 어린이가 어떤 부분에 흥미를 보이는지 관찰해 본다. 나이가 더 많아지면 그림책의 동물 소리도 내어주고 어린이가 그 동물을 가리켜보게 할 수도 있다. 결국 어린이는 당신이 읽어주고 있는 책을 잡고 혼자서 보려고 할 수도 있다. 이때는 천으로 만들어진 부드럽고 작은 책이나, 어린이가 책장을 넘기더라도 넓어서 쉽게 찢어지지 않는 책을 줄 수 있는 때가 된 것이다. 항상 책을 소중하게 다루는 습관은 중요하다. "책을 조심해서 잡고 한 페이지씩 넘기자", "책을 다 읽었으니 이 책은 여기에 놓고 내일 저녁에 또 읽자". 이때 아이가 책을 찢으려고 하면 책을 아이 손이 닿지 않는 곳에 놓아둔다.

무엇보다도 운율이 있는 책을 반복해서 읽어준다. 이렇게 매일매일 습관처럼 책을 읽어주면 어린이는 책 읽는 것을 즐거운 기억으로 가지게 될 것이다.

소리내어 읽어주기를 하면 일상적으로 단순하게 말하는 것보다 3배나 많은 어휘력을 길러줄 수 있다고 한다. “리리리자로 끝나는 말은 병아리, 개구리, 오리, 너구리, 유리, 항아리”. 이런 놀이는 일상적인 대화에서는 잘 사용하지 않는 단어들을 알 수 있게 해준다. 이와 같은 활동들을 통해 어린이들은 말을 배우는 6년 동안 크게 노력하지 않고도 많은 단어를 흡수해서 풍부한 어휘력을 가지게 된다.

어린이들이 똑같은 책을 여러 번 읽어달라고 할 수 있다. 어른은 반복해서 읽어주는 일이 싫증 나더라도 어린이는 반복을 즐기고 있으며 동요, 동시, 자기가 좋아하는 문장들을 외워서 일생에 걸쳐 잊지 않고 기억 할 것이라는 것을 잊지 않아야 한다.

읽기는 모든 교육의 심장부이다. 모든 과목은 －심지어 수학마저도－ 읽기를 통해서 이루어지기 때문이다. 어린이에게 책을 읽어준다는 것이 반드시 읽기를 가르치기 위한 것만은 아니다, 책을 읽어주게 되면 어린이들은 스스로 읽고 싶어 하게 된다. 어린이에게 읽고 싶은 욕구가 생기면 읽기 학습이 쉬워지고 어린이가 인생전반에 걸쳐 가치 있게 사용할 좋은 습관을 가지게 되는 것이다. 자녀에게 책을 얼마 동안이나 읽어주어야 할까요? 국가 독서 위원회에서는 스스로 책 읽기가 가능해진 이후에도 초등학교 시기까지 책을 읽어주라고 한다. 읽기와 듣기 능력은 다르기 때문이다. 읽기 능력은 2학년 수준이지만 듣기 능력은 4~5학년 수준일 수도 있다. 2학년 수준으로 읽으면 4학년 수준의 듣기 능력을 가진 어린이에게는 자극이 안 될 수 있다. 부모가 아이에게 책을 읽어주게 되면 그 특별한 시간 경험을 통해 아이도 더 도전적인 수준으로 책을 읽으려고 노력하게 된다.

아이에게 책을 읽어줄 뿐만 아니라 부모자신도 아이들에게 롤 모델이 될 수 있도록 책을 읽어야한다. 트레레스(Jim Trelese)는 가정에서 책을 읽는 롤 모델이 없으면, 또는 있다해도 정보를 얻기 의해서 또는 즐거워서 읽는 것을 보지 못하면 어린이들에게 좋은 영향을 줄 수가 없다고 하였다.

4살쯤 되면 도서관에 데리고 가서 어린이가 책을 보고 스스로 고를 수 있도록 해주어야 한다. 어린이 코너에 가서 자기가 원하는 책을 골라보게 하면 좋다. 그중에서 2~3권은 집에 빌려 가기 위해 책을 고르게 한다.

집중력 기르기

집중력이 없으면 배움이 일어나지 않는다. 3~6세 몬테소리 교실에서는 거의 모든 활동의 목표가 어린이들의 집중력의 범위를 넓히는 것이다. 어린이가 그릇씻기를 하게 되면 물을 감각적으로 경험하고 있을 뿐만 아니라, 손과 눈의 협응력을 기르며, 일련의 행동을 순서대로 하는 것을 배울 수 있다. 그러나 그보다 더 중요한 것은 10~15분 정도를 하나의 활동에 집중하는 능력을 기르고 있다는 것이다. 어린이의 집중력을 존중하는 분위기는 몬테소리 교실 전체에 넘쳐흐른다. 몬테소리 교사는 어린이가 집중할 때 방해하지 않는다.

어린이가 집중하는 힘을 기르는 것은 3살 이전에 시작된다. 0~3세 시기는 평생에 걸쳐 작용하는 집중력을 기르는 시기라는 것을 모르는 어른들이 자주 어린이를 방해해서 어린이들의 집중력은 깨지기 쉽다. 예를 들어 어린아이가 웅덩이에서 나뭇가지를 띄워보고 있을 때, 또는 부엌 바닥에서 냄비와 프라이팬을 한 줄로 늘어놓고 있을 때, 어른이 "아이구 어질러 놓았네"라면서 서둘러서 활동을 정리해 버린다. 옷이 더러워졌기 때문에 갈아입히려 하거나 바닥에 흩어 놓은 주방 도구들을 정리해 버린다는 것은 어린이의 정신적 발달보다는 외적인 모습을 더 중요하게 생각하는 행동이다. *어린이의 활동을 방해하면 어린이의 행동은 비뚤어진다. 어린이는 흥미를 잃고 목적 없이 방황하게 된다. … 어린이가 어떤 지적인 행동을 하든지 -어른들에게는 황당하게 보일지라도- 어린이를 방해해서는 안 된다. 어린이가 자기 마음대로 구성해 놓은 활동을 마칠 수 있게 해주어야 한다.*

어린이의 집중력을 존중하는 것이 이상적이지만 가정에서는 어린이의 활동을 중단시켜야 할 때가 있다. 저녁 식사 때가 되었거나, 학교에 가야 할 시간이 되었을 때이다. 이런 경우 어린이에게 미리 알려주거나 다른 대안을 제시하는 것이 좋다. "블록 놀이를 5분 안에 끝내거라". 5분이 지나면 "블록을 혼자서 정리할래? 내가 도와줄까?" 또는 "네가 퍼즐을 완성하고 싶은 것은 알겠는데 이제 가야 할 시간이야, 거기 바닥에 놔두고 학교 다녀와서 끝낼 수 있어"

누구도 외부에서 어린이가 집중하도록 작용할 수는 없다. 몬테소리는 어린이가 끊임없이 집중하려고 하는 것에 대해 특별히 잘 보살펴야 한다고 경고하였다. 어른이 자주 끼어들어 가르치려 하면 배움의 필수적인 도구인 집중력이 길러지지 않을 수 있다. 집중력을 잘 키우면 시간이 지나면서 건강하게 일하고 공부하는 건강한 시기에 돌입하면서 집중력의 꽃을 피울 수 있다.

지능 발달과 손의 사용

어린이들이 집중하게 하려면 목적이 있는 일에 손을 사용하도록 해야 한다. *손은 인간의 지능을 발달시켜 주는 도구이다. … 모든 사람들이 발을 사용하는 방법은 거의 같다. 그러나 어떤 사람이 손으로 어떤 일을 해낼 수 있는지는 알 수가 없다. … 만약 인간이 소통하기 위해 말만 사용했다면… 과거 세대의 흔적이 남아있지 않을 것이다. 정신활동과 병행해서 손을 사용했기 때문에 문명이 보존되고 있는 것이다.*

걷기, 달리기, 오르기, 차기, 춤추기, 스케이트 타기 정도만 사용하도록 기능이 제한되어 있는 발과는 다르게 손은 어린이의 미래에서 무한한 가능성을 가지고 있다. 재봉사에서 외과 의사까지, 과학자에서 피아노 연주자까지, 요리사에서 기계공까지, 컴퓨터 기능사, 화가, 조각가 등은 협응과 훈련이 잘된 손을 가진 사람들이다. *일이 정교할수록 손으로 하는 기술은 그 사람의 지성이 안내하는 대로 조심스럽게 주의를 기울여야 한다*라고 몬테소리는 말했다.

몬테소리는 손과 정신활동 간의 관계를 관찰한 결과 매우 깊은 관계가 있다는 것을 알게 되었기 때문에 몬테소리가 디자인한 모든 교구들은 목적을 가지고 작업하도록 되어있다. *어린이의 지능은 어느 정도까지는 손의 도움이 없이도 발달한다. 그러나 손을 사용함으로써 지능이 발달하도록 돕는다면 더 높은 수준으로 발달할 것이며 어린이의 성격도 강인해진다. … 어린이들의 손이 무언가 작업을 하기를 원한다면 우리는 어린이가 지적인 활동을 연습할 수 있도록 물건을 제공해야 한다.*

손으로 만져봄으로써 어린이는 단단함과 말랑함, 뜨거움과 차가움, 유동적임과 고정적임, 거칢과 부드러움(아빠의 수염과 엄마의 볼), 또는 무거움과 가벼움의 차이를 경험할 수 있다. 어린이들은 손으로 찰흙을 움켜쥐어 보고, 구슬을 끼우고, 인형을 담요로 감싸고, 블록으로 근사한 구성물을 만들어보면서 자신의 손이 세상을 바꿀 수 있다는 것은 이해하기 시작한다.

어린이의 발달에서 손으로 하는 활동의 중요성을 강조한 몬테소리는 어린이가 손을 지적인 활동에 사용할 수 있도록 하는 가정에서의 활동을 안내하고 있다(56페이지의 내용 참조).

어린이의 일

어른은 환경을 완성하기 위해서 일을 하지만 어린이는 자기 자신을 완성하기 위해서 일한다. 자기 자신을 완성하려는 어린이를 위해서 어른이 일을 대신해 줄 수는 없다. 유능한 어른이 되려면 어린이 스스로 일을 해야 한다. 일이 힘들고 싫증이 난 어른들은 어린이가 일하려고 하는 것을 지지하지 않는다. 어린이들은 어릴 때는 놀아야 한다고 생각한다. 이런 생각을 하는 어른들은 몬테소리가 말하는 어린이들의 일(작업)의 의미를 이해하지 못한다. 어린이에게 일은 힘든 것이 아니다. 어린이의 일은 스스로 어른이 되기 위한 것이다. 작은 일들 -특히 어린이가 스스로 선택한 일- 은 어린이의 발달을 돕는다. **이를 통해 어린이는 자신을 완성하는 데 필요한 일을 즐긴다는 것을 알 수 있다. 어린이의 인생은 일이 … 기쁨을 주는지에 아닌지에 따라 달라진다.**

그렇다고 어린이들이 놀면 안 된다는 뜻은 아니다. 놀이 또한 어린이의 생활에서 중요한 부분이다. 어린이는 인형으로 소꿉놀이를 하는 것(놀이)과 바닥에 쏟은 것을 닦는 것(일)의 차이를 구별하지 못한다. 어린이는 단순한 놀이보다는 도전적인 일, 집중하고, 협응하고, 능력을 키우고, 최종적으로 독립심을 기를 수 있는 일을 때로 더 좋아한다고 몬테소리는 믿는다.

어린이가 일에 대해 관심이 있다는 것은 부모나 친척들이 하는 일을 자신도 해보려 하는 것을 보면 알 수 있다. 때때로 어린이가 아직 스스로 할 수 있는 일이 아닌데도 "내가 할래요"라고 하는 것을 볼 수 있다. 어린이가 청소기를 밀려고 하는 것을 볼 수도 있고, 가구를 밀려고도 하고, 무거운 가방을 들어보려고 하기도 한다. 누군가 어린이에게 그 일을 하라고 해서 하는 것이 아니라 어린이 내부에서부터 스스로 해보고 싶다고 느끼기 때문이다.

어린이가 이런 행동을 보이면 어린이가 당신과 함께 일할 수 있도록 기회를 주어야 하는 좋은 때이다. 특히 부엌에서는 어린이의 감각을 자극하는 냄새, 맛, 느낌을 경험할 수 있는 것들이 많다. 부모가 요리를 할 때, 빨래를 할 때, 청소, 정원 가꾸기, 세차하기 등 일상적인 일들은 어린이가 함께 하도록하면 좋다. 청소를 할 수 있도록 어린이에게 맞는 크기의 청소도구 - 빗자루, 걸레, 카펫 청소기, 스펀지, 먼지떨이, 브러쉬 - 를 주면 어린이에게 좋은 과제가 될 것이다.

기계화된 부엌일, 자동 세차같이 편리하게 발전된 집안일 때문에 어린이가 참여할 수 있는 일이 많이 없어졌다. 그럼에도 어린이가 이런 일들을 해보아야 한다는 과제가 없어진 것은 아니다. 어린이가 일상적인 일에서 스스로 자기 일을 시작하고 어른과 함께 일할 수 있는 상황을 만들어 주는 것은 중요하다.

우리가 기본 원칙을 세운다면 어린이를 우리의 생활(삶)에 참여시키는 것이다. 어린이가 어른들의 말을 들을 기회가 없으면 말을 배울 수 없는 것처럼 어른들의 활동에 참여하지 않으면 배울 수가 없기 때문이다. … 어린이에게 호의를 베푼다는 것은 어린이를 어른들의 일에 참여시키는 것이다. 어려울 수는 있겠지만 아무런 비용도 들지 않는다. 어린이에게 시간을 내주는 것이 물건을 사주는 것보다 훨씬 더 좋은 선물이다.

어린이가 하게 해주세요…

- 감자씻기
- 당근씻기
- 빵에 땅콩버터 바르기
- 고기완자 만들기
- 밀가루 반죽하기
- 계란 풀기
- 팬에 기름 바르기
- 쿠키틀을 이용하기
- 쿠키를 장식하기
- 꽃병에 꽃 꽂기
- 냅킨 접기
- 양말 짝짓기
- 창문 닦기
- 자동차 범퍼 닦기
- 식물에 물주기

장난감 고르기

몬테소리 이론을 따르려는 부모들은 장난감을 고를 때도 몬테소리 이론에 맞게 고르려고 한다. 단순히 스위치를 눌러서 노는 장난감보다는 어린이가 어떤 활동을 할 수 있도록 만들어진 장난감이 더 유익하다. 여러 세대에 걸쳐 사람들이 선호했던 장난감은 전기나 배터리로 움직이는 장난감들이었다.

어떤 날은 어린이들이 비싼 상업적인 장난감보다 일상적인 용품인 밴드, 스티커, 리본, 카드놀이 상자를 가지고 놀 때 더 만족스러워하는 것을 볼 수 있다.

몬테소리 교실에 있는 매력적이고 잘 만들어진 교구들처럼 가정에서 가지고 놀 장난감도 신중하게 매력적이고 안전한 것으로 선택해야 한다. 약한 장난감이나 날카로운 모서리가 있는 것, 쉽게 부서지는 것, 조각이 너무 작아서 잃어버리거나 삼킬 수도 있는 장난감은 피해야 한다. 어린이들은 자기 장난감의 기어나 전조등 소리상자가 작동하지 않으면 낙심한다.

창의적인 실내 놀이

- 인형
- 인형옷
- 인형집
- 옷상자
- 구슬끼우기
- 블록
- 장난감
- 카드 놀이 상자
- 손가락 물감놀이
- 점토
- 크레용
- 주방가구 놀이감
- 자동차와 트럭
- 퍼즐
- 놀이용 스카프

몬테소리는 어린이와 함께 일하는 동안 평화를 사랑하는 사람으로 키우려고 노력했기 때문에 총, 칼, 싸움용 놀이감들은 적합한 장난감으로 생각하지 않았다. 몬테소리는 어린이들은 자신들이 사랑하는 물건들에 따라 사람이 달라진다고 하였다.

건강한 실외 활동들

정글짐	그네
세발자전거	스쿠터
두발자전거	모래상자
모래 놀이감	보도용 분필
훌라후프	썰매 또는 장난감 자동차
스케이트	수레
놀이 공	삽 종류
점프용 로프	어린이 물놀이터 (풀장)

때로 할머니, 할아버지들 또는 친척들이나 친구들이 당신의 육아 철학과 맞지 않아 어린이들에게 적절하지 않은 장난감을 사줄 수 있다. 선물을 준 사람에게는 실례가 될 수 있겠지만 이 장난감들을 더 적합한 장난감으로 바꾸는 것이 좋다. 당신이 가정환경을 지키는 파수꾼이고, 자녀가 잘 자라는 것이 첫 번째라는 것을 잊지 않아야 한다. 선물을 줄 만한 지인들에게 당신이 환영하는 장난감이 어떤 것인지, 왜 그런지에 대한 논의를 미리 하면 이와 같은 불편한 상황을 막을 수 있다. 주의 깊게 선정한 장난감은 재미도 있고 심오한 학습이 오랫동안 일어날 수 있는 자원이 될 수 있다.

텔레비전은 어떻게 해야 하나요?

마리아 몬테소리가 1952년에 돌아가실 때까지는 이제 겨우 텔레비전이 나오기 시작한 시대였기 때문에 자신도 텔레비전을 경험하지도 못했고 텔레비전의 영향에 대해 이야기하지 않았다. 그러나 오늘날 어린이들이 텔레비전을 보는 습관에 대해 몬테소리의 생각을 유추해 볼 수 있다. 텔레비전을 보는 습관에 대해 몬테소리는 어떻게 생각했을지 생각해 봄으로써 우리의 추론이 정당화될 수 있을 것이다.

오늘날 텔레비전은 모든 연령 아동들이 지닌 문제의 원인이 된다고 비난을 받고 있다. : 텔레비전을 보는 시간이 많아져서 정상적인 운동이 부족하여 비만이 온다 : TV쇼의 폭력적인 장면 때문에 공격적인 행동이 생겨난다. : 낮은 학업성취도 TV 때문이다. 힐리(Jane Healy)는 "연구 결과에 의하면 좋은 학생은 TV를 적게 본다. 결과적으로 TV를 많이 볼수록 학업성적이 내려간다."라고 말했다.

정신발달을 이루어야 하는 민감기에 있는 6세 이하의 어린이가 TV를 보는 것에 대해 살펴보자. TV를 보는 것이 어린이의 발달에 어떤 영향을 미칠까?

손의 사용 : 몬테소리는 *손은 인간발달의 중요한 도구*라고 하였다. 어린아이들이 TV를 볼 때 손가락을 빨거나, 머리를 손으로 감아올리거나, 손톱을

뜨는 등 손을 움직이고 싶은 욕망을 나타내는 행동들을 하는 것을 자주 볼 수 있다. TV를 보는 동안 어린이들은 자신들이 만난 어떤 개념을 이해하기 위해 손을 유용한 목적에 사용할 수가 없다.

언어 : 몬테소리는 0~6세는 특별한 노력을 하지 않고도 언어를 습득할 수 있는 시기라는 것을 강조하였다. 이 기회를 살리기 위해 어린이는 다양한 어휘와 문장을 들을 수 있어야 하고 단어와 문장을 사용할 수 있어야 한다. TV는 어린이들이 반응할 기회나 질문할 기회를 거의 주지 않는 모노드라마이다. "뿐만아니라 텔레비전에서 사용하는 어휘는 코미디 책이나 유아용 책, 신문 잡지들보다 수준이 낮다".

TV의 원고가 어휘의 다양성이 부족하고 문장의 구조가 단순하다는 것이 초등학교나 고등학생들이 쓰는 문장이 분절되고 어휘가 빈약하게 된 원인이 될까? 유아기와 같은 중요한 시기에 우리가 아이들에게 말할 때나, 책을 읽어줄 때, 이야기를 들려줄 때 훨씬 더 풍부한 언어를 들려준다.

현실에 대한 경험 : 몬테소리는 어린아이들은 현실을 경험해야 한다고 믿었다. 텔레비전에서 현실을 해석하여 보여주는 동물에 대한 만화보다는 동물원에 있는 동물들을 보아야 한다고 생각했다. 몬테소리는 어린아이들의 발달은 어린이가 예술이나 과학 분야에서 호기심, 탐험정신, 발명, 창의성을 가질 때 그 토대 위에서 지각이 형성되어야 최적화될 수 있다고 느꼈다. 어린이의 세상에 대한 첫 번째 경험은 실제 세상에 뿌리를 두고 이루어져야 한다는 것이다.

세상의 실제 모습에 토대를 두고 어린이의 상상력을 길러주는 것은 매우 중요하다. 모든 과학적 발견, 지구와 우주에 대한 설명, 질병의 치료, 소설, 시, 교향곡, 그림, 조각, 건축들은 누군가의 상상이 지각 가능한 형태로 만들어진 것이다. 몬테소리는 상상력의 중요성을 강조한다. *진리에 대한 과학적 비전은 망원경만으로 이루어진 것이 아니라 인간이 창의적이기 때문에 가능했다. … 상상에 의해서 이루어진 것이다. … 모든 과학과 발견은 상상에 의한 충동으로 이루어졌다.*

7살까지가 어린이의 상상력을 자극하고 활성화하기 위한 수단을 제공해야 할 좋은 연령이다. 소꿉놀이는 어린이가 익숙한 경험을 상상적으로 재창조할 수 있도록 허용한다. 소꿉놀이에서 이야기 꾸미기는 이야기에서 본 장면과 등장인물들을 상상하도록 자극한다. 반면에 텔레비전은 시청자들을 위해 이미지를 이미 만들었기 때문에 7살까지의 중요한 시기에 창의성을 죽인다.

피어스(Joseph Chilton Pearce)에 따르면 텔레비전으로 인한 주요 손상은 콘텐츠 자체와는 상관이 없다. 신경세포에 손상이 오는 것이 문제이다. … 영아들이 스스로 이미지를 만드는 것을 배워야 할 시기에 TV가 영아들의 뇌에 이미 만들어진 이미지를 쏟아붓는다. 이런 일이 부적절하다는 것을 놀이터에서 보면 알 수 있다. 어린이들이 상상적 게임을 할 때 TV의 장면을 자주 모방한다.

집중력 : 많은 유치원 초등학교 선생님들이 과거에 비해 현재 어린이들이 읽기를 가르치기가 더 힘들다고 불평을 한다. 주의력 결핍 장애는 TV 시청 시대부터 시작된 것으로 보이며 그 어느 때보다도 광범위하다. 주의력 결핍 장애는 학령기 어린이들의 무능함 중의 하나로 집중하는 힘이 없는 것인데 몬테소리는 6세 이전에 집중력을 주의 깊게 키우고 확장해 주어야 한다고 느꼈다. 교사들이나 발달 심리학자들은 6~7초에 한 번씩 TV의 이미지가 빠르게 바뀌는 것에 익숙해진 어린이들의 뇌로 인해 집중에 어려움이 나타난다고 규정했다.

몇몇 연구에 의하면 4살 이전에 하루에 TV를 본 시간에 비례해서 6~7세 아이들이 읽기학습에 어려움을 겪는다고 한다. TV가 어린이의 뇌 발달에 미치는 영향은 더 많은 연구가 필요하다. 그러나 이런 가능성이 미국 소아과 학회의 주장 -2살 이하의 어린이는 TV를 전혀 보지 않아야 하며 더 큰 아이들도 침실에 TV가 있으면 안 된다-을 뒷받침하고 있다.

진짜 욕구 vs 세뇌된 욕망 : 몬테소리는 어린이는 사람들과 관계를 맺고자 하는 기본적인 욕구가 있다고 믿었다 : 어린이는 사랑스러운 눈맞춤이 필요하고, 다른 사람과 대화하고 싶어 한다 : 어린이는 사랑하는 양육자로부터 신체적 접촉을 받기를 원한다 : 어린이는 현실세계에서 돌아다니기를 원한다.

실제적인 경험과는 대조적으로 TV는 대기업들의 이익을 촉진하기 위한 광고를 통해 가지게 된 욕망들로 만들어진 비현실적인 환경을 만들어낸다. 스윔(Brian Swimme)은 "아이들은 초등학교에 입학하기 전 30,000개의 광고에 흠뻑 젖는다. 어린이들이 반복해서 듣게 되는 메시지는 광고에 나오는 것 –특정한 시리얼, 음료, 운동화, 사탕, 최신의 장난감이나 게임 등– 을 가지게 되면 좋다는 것이다."라고 말했다. 이와 같은 광고는 어린이들이 부모를 졸라대게 할 뿐만 아니라, 만약 그 제품을 갖지 못하게 되면 실제로는 사랑스럽고 재능있는 어린이들마저도 자신이 부적절하다고 생각하게 하거나 박탈감을 느끼게 한다. 광고를 많이 하는 제품들이 영양학적으로 또는 발달적 측면에서 가치가 더 적음에도 슈퍼마켓이나 장난감 가게에서 어린이들이 이런 제품을 사달라고 조르는 일들을 볼 수 있다. 부모들은 아이들이 조르는 것 때문에 화가 나지만 결국은 많은 부모들이 아이들에게 굴복하고 만다. 어린이들 내면의 필수적인 욕구보다는 외부에서 세뇌된 욕망에 반응하게 되는 것이다.

가정에서 텔레비전을 통제하기

텔레비전의 여러 가지 단점에도 불구하고 어린이들이 있는 가정에 텔레비전은 고정으로 있다. 몇몇 부모들은 집에 텔레비전이 없는 것을 자랑스러워하기도 하지만 많은 가정들은 텔레비전을 3~4대씩 구비하고 있다. TV가 하루생활의 일부로 받아들여지고 있는 것 같은데 어린이들에게는 적합하지 않다. 따라서 어린이가 어느 정도 성장할 때까지 TV 보는 것을 지연시켜야 한다는 것이 문제이다. 모든 어린이들에게 TV 보는 것을 지연시키는 것은 중요한 일인데 특히 6세 이하는 더 결정적이다. 몇몇 부모들이 가족들이 모이는 시간에 자녀들이 TV 보는 것을 통제하기 위한 전략을 알려주었다.

- 2살 이전 어린이들에게는 TV를 보여주지 않는다.
- TV를 어린이를 달래는 수단으로 사용하지 않는다.
- 어린이들이 아침에 유치원이나 학교에 가기 위해 일찍 일어나지 않으면 저녁에 TV를 보지 않는다.
- 아침에 유치원이나 학교에 가기 전에 TV를 보지 않는다.
- 식사 시간이나 가족들의 놀이시간, 실외 놀이시간, 조부모·친척들이 방문하여 어린이들과 이야기하고 싶어 하는 시간에 TV를 보지 않는다.
- 1주일에 2~3시간만 TV를 보게 한다.
- 좋은 TV 프로그램을 녹화하면서 광고를 삭제한다.
- 부모가 이미 점검했던 영상만 보게 한다.

- 어린이와 함께 TV를 보면서 프로그램의 내용에 대해 함께 이야기한다.
- 공영방송의 좋은 어린이 프로그램을 선택한다.
- TV를 가정에서 공동의 장소에 비치해 두어서 어린이가 혼자서 또는 어른의 지도 없이 보지 않도록 한다.

훈육

몬테소리는 훈육이란 가장 바람직한 자기 훈련으로 이끄는 어린이의 힘이 점진적으로 펼쳐지는 과정이라고 믿었다. 많은 어른들은 '훈육'을 '처벌'과 동의어로 생각하는데 '훈육'은 사실은 '훈련'이다. *어린이의 의지를 길러주려고 해야 하는 것이지 의지를 꺾는 것이 아니다.* 몬테소리 교실에서뿐만 아니라 가정에서도 훈육은 사랑으로, 일관성 있게, 어린이의 자연스런 충동을 이해하면서 훈련하는 것이다.

3살 이전의 어린이는 어른의 명령이 자신의 충동과 일치하지 않을 때는 복종할 수가 없다. 예를 들면 3살 이전의 어린이는 어딘가를 기어오르려는 경향이 있기 때문에 어른들이 "거기 올라가지 마라"라는 말을 무시하려고 한다. 기어오르고자 하는 충동이 어린이를 형성하는 과정이라는 것을 이해하는 부모들은 어린이가 위험하지 않다면 기어오르는 것을 허용한다. 어린이가 위험한 상황에서는 안전하게 기어오를 수 있는 경험을 주려고 노력한다. 어린이는 타고난 내적인 충동을 따르는 것이기 때문에 이 상황에서 벌을 주는 것은 적합하지 않다.

어린이가 나이가 들면 한번은 복종하겠지만 두 번은 복종하지 않는다. 어떤 부모들은 이를 알 수 없는 불복종이라고 생각한다. 그러나 몬테소리는 기어오르고자 하는 충동을 걷기와 비교했다. 어린이가 어느 날 다섯~여섯 걸음을 걷다가 주저앉을 수 있다. 그러나 어린이는 다음날 다시 걸으려고 시도한다.

목소리 톤으로 표현되는 부모의 태도가 가정에서 어린이를 훈련하는 데 중요한 요소이다. 어린이도 인간이기 때문에 우리의 존중을 받을 가치가 있다. 어린이를 존중하는 모범을 보이고, 어린이도 다른 사람을 존중하는 태도를 가질 수 있도록 모든 사람이 도와야 한다. 어린이를 대할 때 우리 집에 온 어른 손님처럼 존경스럽게 대해야 한다. 예를 들면 우리 집에 온 손님이 음료를 쏟았다면 무엇이라고 말할 것인가? 당신 자녀에게도 똑같이 우아하게 말할 수 있나요?

어린이를 훈련할 수 있는 좋은 때는 행동의 위기가 왔을 때가 아니라 어린이가 평온하고 협력적인 분위기에 있을 때이다. 재미있는 역할놀이를 해볼 수도 있다. "~해주세요", "감사합니다 ", "실례합니다", "죄송합니다". 전화예절, 기침이나 재채기를 할 때 손수건을 사용해서 코와 입을 가리는 법, 다른 사람을 위해 문을 잡아주는 것 등. 자신과 다른 사람들 -다른 문화권에서 온 사람들, 옷을 다르게 입는 사람들, 다른 인종 사람들, 장애가 있거나 외모가 다른 사람들-에 대해서도 존중하는 모습을 보여주려고 노력할 수 있다. 부모들이 미리 준비를 하면 당황스러운 순간을 피할 수 있다.

파괴적인 행동을 방지하는 데 부모의 기대도 효과적이다. 예를 들면 어린이들은 별생각 없이 정원의 채소나 꽃들을 밟거나 뽑아버려서 망가뜨린다.

현명한 부모들은 정원가꾸기를 아이들과 함께함으로써 이런 행동을 미리 막을 수 있다. 어린이가 정원에 씨앗을 뿌리고, 물주고, 새싹이 자라기를 기다리게 하면 어린이는 식물이 자랄 수 있도록 보호하려고 한다.

어린 자녀들의 효율적인 행동훈련을 위해서는 어른들이 가정에서 광범위한 행동지침을 세우고 자신들이 설정한 지침을 따르는 것이다. 몬테소리 원칙에 맞는 행동지침들은 다음과 같다.

- 어린이의 잘못된 행동에 대해서 화를 내기보다는 조용하고 단호한 목소리로 이야기하는 것이 어린이를 존중하는 것이고 더 효과적이다.
- 어린이가 잘못된 행동을 하더라도 '나쁜', '게으른', '비열한'과 같은 말을 해서는 안 된다. 어린이가 한 일이 어떤 것인지 규정하고 어린이의 부적절한 행동에 대해 설명해준다. "동생을 때린 것은 나쁜 일이야. 손은 남들 돕기 위한 것임을 잊지마라"
- 신체적인 벌을 주는 것은 어린이의 자기존중감을 다치게 할 뿐만 아니라 자기도 다른 사람을 벌 줄 수 있다고 생각하게 만들 수 있다.
- 빈말로 위협하는 것은 비효율적이며 어린이에게 당신의 말이 진짜 뜻과 다르다는 것을 가르치는 것이 된다. "당장 여기르 와! 그렇지 않으면 엄마는 집을 나갈 것이고 너 혼자 있게 할 거야!" 실제로 이렇게 하지 않을 것이면 위협을 주기 위해 이런 말을 하면 안 된다.
- 계속되는 잘못된 행동에 대한 적절한 반응 : 방 한쪽 구석에서 의자에 앉아 '타임아웃' 시간을 가지면서 재미없는 시간을 보내게 한다. 맛있는 간식, 장난감, 놀이시간을 가질 수 없고 의식을 하러 갈 때 함께 못 가게 한다.

훈육을 위해서 하지 않아야 할 일 vs 해야할 일

하지 않아야 할 일	해야할 일
"화나서 소리지르기"	"조용하고 확고한 목소리"
"너는 나쁜 아이야"	"동생을 때린 일은 아주 나쁜일이야"
"신체적 벌주기(체벌하기)"	"타임아웃" 또는 "간식을 못먹음"
"빈말로 협박하기"	"창의성, 유머 또는 현실적인 결과를 말해주기"
"빈번한 보상"	"좋은 행동을 일상적으로 기대하기"
"어린이가 충분한 정보나 지혜가 없는 상태에서 어떤 결정을 선택적으로 내리도록 하기"	"2~3가지의 선택지를 주고 어린이가 선택하도록 하기"
"행동에 따라 사랑을 주기"	"조건 없는 사랑"

- 어린이의 좋은 행동에 대해서 계속해서 보상을 하게 되면 규칙을 따르는 것에 대해 보상을 기대하게 된다. 부모가 좋은 행동을 일상적으로 기대하는 것이 되어야지 알아주면 행하는 특별한 사건이 되면 안 된다.
- 주의를 분산시키는 것은 매우 강력하고 효과적인 수단이 될 수 있다. 어떤 행동이 일어나는 상황을 창의적으로 또는 유머로 조절할 수 있다. 2~3살 자녀가 계속 울어대면 (예를 들어 언니가 가는 생일파티에 자기도 가겠다고 울면) 숟가락이나 작은 컵을 아이의 뺨에 대고 "내가 네 눈물을 여기에 받을게, 엄마를 위해서 눈물을 더 많이 흘려다오"

이렇게 하면 자녀는 확실하게 울음을 그칠 것이다.

- 어린이들은 저항을 하면서도 확고한 지침을 원한다. 적절한 제한을 받으면 어린이들은 오히려 안전감을 느낀다. 어린이가 어떤 일에 대한 경험도 없고 아직 생각도 짧은 상황에서 결정을 내리게 하지 않아야 한다. 예를 들면 TV를 얼마나 볼 것인지, 패스트푸드를 얼마나 먹을 것인지, 언제 잠자러 갈 것인지, 어떤 유치원에 다닐 것인지 등은 어린이에게 물어볼 일이 아니다. 어린이들이 부모를 시험해 보는 것이 이상한 일은 아니다. 부모들을 시험해 보는 일을 줄이는 가장 효과적인 방법은 어린이의 잘못된 행동에 대해 일관성 있게 반응하는 것이다.
- 어린이들의 훈육이 성공하려면 조건 없는 사랑을 전제로 훈육을 위한 행동을 해야 자신감을 얻을 수 있다. 어린이의 행동과 상관없이, 즉 아이의 행동이 마음에 들지 않을 때도 아이를 진정으로 사랑해야 한다는 의미이다. 아이의 행동이 황당할 때도 자녀를 조건 없이 사랑하기는 쉽지 않다. 그러나 조건 없는 사랑은 아이의 정신건강에 중요한 영양소가 된다. *"사랑은 우리 주변에 있는 어떤 것보다 가장 강력하다. … 그러므로 우리는 사랑에 대해 연구하고 실행해야 한다."*라고 몬테소리는 주장한다.

어린 자녀에게 사랑을 보여주기

'어린이의 비밀'에서 몬테소리는 "어린이들은 어른을 매우 사랑한다. 그러나 어린이의 사랑이 항상 보답을 받는 것은 아니다."라고 주장하였다. *저녁에 잠자러 갈 때 어린이는 자기가 사랑하는 사람들을 부르면서 그들이 가버리는 것을 좋아하지 않는다 … 우리는 스스로 어린이의 사랑에 대해 방어한다. "나는 시간이 없어, 나는 할 수 없어!, 나는 바빠."라고 불안해하면서 말한다. 그렇지만 어린이의 사랑만큼 큰 사랑을 우리는 결코 찾지 못할 것이다.*

어린이들은 엄마와 아빠에게 사랑을 불태우면서 부모로부터 사랑을 돌려받기를 원한다. 대부분의 부모들은 자녀를 사랑한다. 그러나 자녀들은 부모의 사랑을 느끼지 못한다. 이런 일이 일어나는 이유는 부모들이 자신의 사랑을 잘못된 방식으로 표현하기 때문이다. 예를 들면 어린이에게 끊임없이 물건을 사준다거나, 어린이들을 학원에 보내거나, 어른 자신들의 욕구에 굴복하기 때문이다.

소아정신과 의사 켐벨(Rose Campbell) 박사는 '자녀를 진정으로 사랑하기'라는 책에서 자주 눈 맞추기, 신체적 접촉, 집중된 관심으로 자녀의 정서적 탱크를 가득 채워 줌으로써 부모는 자녀에게 사랑을 가장 잘 보여줄 수 있다고 하였다. 영아들에게는 사랑스러운 눈 맞춤으로 시작할 수 있다. 아이들에게 말을 할 때 사랑스런 눈 맞춤으로 부모의 사랑을 표현하는 것은 지속적으로 효과가 있다. 어떤 부모들은 아이들을 혼낼 때만 눈 맞춤을 한다.

이런 것을 경험한 아이들은 다른 사람들과 말할 때 상대방의 눈을 똑바로 쳐다보지 못한다.

부모가 기본적으로 신사적이고 행복하며 잘 적응하는 사람이라면 어린이들과 신체적 접촉이 정서적 안정감을 향상시켜 줄 것이다. 이런 부모들은 본능적으로 자녀에게 사랑을 준다. 성적접촉이 아닌 건강한 접촉을 한다. -갓난 아이들을 몸에 바짝 붙여 앉고, 걸음마기의 아이들을 무릎에 앉히고, 많이 안아주고, 등에 업고 다니고, 어깨에 태우고 다니고, 하늘로 올려주는 놀이를 하고, 좀 자라면 아이와 함께 레슬링을 한다. 켐벨 박사는 이와 같이 몸으로 놀아주는 것이 심리적 발달에 결정적으로 중요하다고 한다.

켐벨 박사는 부모가 사랑을 표현하는 세 번째 방법은 특정한 주제에 초점을 맞추어 관심을 보이는 것이라고 한다. 이야기해 주기, 책 읽어주기, 공놀이하기, 쿠키 만들기, 새집 만들기, 연날리기 등 여러 가지 활동을 계속해서 함께 하는 것이다. 어린이집이나 대가족에서는 어린이들이 세심한 관심을 충분히 받기가 어렵기 때문에 부모가 기를 쓰고 노력을 해서 사랑을 표현해야 한다. 이런 노력을 하려면 부모들은 시간적으로 희생을 해야 한다. 왜냐하면 아이들이 놀아주기를 원하는 시간에 부모가 놀아주기가 어려울 수도 있기 때문이다. 집중해서 놀아주지 않으면 어린이들은 자신이 다른 것들보다 더 가치가 없다고 느껴서 불안이 높아진다.

켐벨 박사는 집중적인 관심을 보여주기 가장 좋은 방법은 아이들과 한 명씩 놀아주는 시간을 따로 가지는 것이라고 하였다. 이는 벼락치기로 놀아주기보다는 '아이 중 한 명만 데리고 따로 노는 시간'을 정해 놓아서 우선순위를 두어야 한다는 뜻이다. 나와 남편은 아이들이 어렸을 때 교대로 아이를 한 명씩 데리고 나가 저녁을 먹으면서 둘이서만 이야기하거나 일요일에 한 명만 데리고 아침을 먹곤 했다. 또는 한 명씩 데리고 엄마나 아빠가 한 시간 반 정도 게임을 하기도 했다. 우리는 미리 계획을 해서 달력에 적어 놓고 시간을 냈기 때문에 이런 특별한 시간을 보내는 것이 가능했다. 아이를 한 명만 데리고 노는 것이 다른 어떤 활동보다도 더 가치가 있었다. 우리가 부모노릇을 하는 동안 이 방법이 가장 좋은 전략이었다.

만약에 아이를 한 명씩 데리고 집중적으로 놀아주는 것이 불가능하면 할머니 할아버지랑 한두 시간씩 놀도록 해도 된다. 친척이나 가족의 친구들과 정원 가꾸기, 수공예, 빵 굽기, 카드놀이, 퍼즐 놀이, 그림 그리기 등을 함께 할 수 있게 되면 좋은 일이다. 나는 이모가 팬케이크를 구울 때 나에게 뒤집기를 하라고 했던 일이 즐거운 기억으로 남아 있다. 이모는 내 헌 옷에서 천을 잘라내어 인형 이불을 바느질해서 만드는 방법도 알려주었다. 이모와 함께 보낸 시간은 나의 즐거운 추억이다.

아이를 한 명씩 데리고 노는 일이 가능하지 않은 날도 있겠지만 가능한 날도 있을 것이다. 아이를 한 명씩 데리고 노는 일이 얼마나 중요한 경험인지를 깨닫게 되면 당신은 이런 날들을 가능한 많이 만들려고 노력할 것이다.

영적인 성장

몬테소리의 가장 고귀한 신념중의 하나는 어린이의 영적인 성장을 잘 보살펴서 인류의 미래를 더 발전시키도록 도울 수 있다는 것이었다. *어린이는 우리를 찬란한 미래로 안내할 수 있는 미지의 힘을 천부적으로 타고났다. 우리가 원하는 것이 새로운 세상이라면 교육을 통해 어린이가 지니고 있는 미지의 가능성을 계발하는 것을 목표로 해야 한다.* 몬테소리가 어린이를 위해 평생토록 노력했던 이유는 이것이 가장 중요하다고 믿었기 때문이다. 어린이의 정신을 풍요롭게 한다는 것은 어린이가 의미 있는 삶을 살아갈 수 있게 하는 어린이 내면에 있는 중요한 힘을 잘 보존하는 것이라고 하였다.

어린이의 정신을 풍요롭게 한다는 것은 특정한 종교를 갖는 것과는 매우 다르다. 영성은 우리의 삶에 의미를 부여하는 인간의 기본적인 에너지이다. 종교는 다양한 사람들이 자신들의 영성을 표현하기 위한 방법으로 선택하는 것이다. 그러나 특정한 종교를 가지고 있지 않은 사람에게도 영성은 존재한다. 영성이란 특정한 종교적 의식을 실행할 때나 차원 높은 삶을 영위하기 위한 모든 방법의 저변에 흐르는 것이다.

몬테소리는 어린이의 영성을 자주 언급하였지만 정작 영성에 대한 정의를 내리지는 않았다. 정신이나 영성을 단순하게 정의 내리는 것이 어렵기 때문이다. 다른 사람들이 영성을 어떻게 정의했는지 잠시 살펴보기로 하자.

어떤 사람은 영성이란 우리가 모든 생명체들이 서로 연결되어있다는 숭고한 사실을 아는 것이며 우주와 하나가 되는 것이라고 하였다. 또 다른 사람은 영성이란 우리가 침묵(묵상)하는 동안 알게 되는 우리 내면의 생활이라고 하였다. 어떤 사람은 우리가 자연을 깊이 들여다볼 때 느끼는 경외심과 놀라움의 감정이라고 하였다. 많은 사람들이 영성이란 자신을 위한 것, 자기만족보다는 더 큰 목적이라고 부르는 것을 볼 수 있게 하주는 깊이있는 어떤 것이라고 한다. 축적보다는 공유하는 것, 끝없는 경쟁보다는 협력, 폭력보다는 평화 같은 것이라고 말하는 사람도 있다. 이런 모든 내용들이 영성의 중요한 요소라고 믿는다.

어린이에게 어떻게 영적인 자각을 불러일으켜 줄 수 있을지 고민하는 많은 부모들은 어린이들이 영성을 가지고 있다는 것을 알고서 매우 놀라워

한다. 몬테소리는 모든 어린이들이 천부적으로 영적인 감각을 가지고 태어났다고 믿었다. 어린이들이 곤충을 잡거나, 꽃을 꺾을 때, 나비를 좇아다닐 때, 어린이들의 행동이 오랫동안 우리가 당연하게 여겼던 생명의 신비를 일깨워주고 있다. 피츠패트릭(Jean Grasso Fitzpatrick)은 어린이의 영성을 키워주고자 한다면 어린이가 지니고 있는 고유한 영성을 함께 느껴야 한다고 하였다. 어른들과는 달리 어린이의 영성은 아직 삶의 일부로 통합되어 있는 상태이기 때문이다. … 어린이의 풍부한 영성은 그들의 모든 행동에 투영되어 있다. … 어린이는 평범함 속에서 특별함을 보여준다. 그러므로 부모들의 과제는 영성의 존재를 보여주는 싸인과 영성을 키우는 조건을 풍요롭게 함으로써 이 경이로운 선물을 보호하고 존중하는 것이다.

영성을 키워주기 위한 한 가지 방법은 끊임없는 자동차 소리, TV, 라디오, 모터가 달린 가전제품들의 소리로 가득한 세상에서 침묵을 경험하도록 해주는 것이다. 어린이가 조용히 앉아 있을 수 있는 집안의 어느 한 곳에서 어항이나 조약돌, 조개껍데기 모은 것들을 바라보게 한다. *침묵은 우리에게 때로 깨달음을 가져다준다 … 그 깨달음들은 우리가 알고 있었던 것들이다.* 라고 몬테소리는 말했다.

3~4살 된 아이들을 데리고 야외에 나가서 눈을 감고 아무 말도 하지 않은 채 조용히 앉아 있어 보자고 해 볼 수 있다. 아이들은 잠시 후에 말하곤 한다. "새 소리를 들었어요", "바람이 나뭇잎에 스치는 소리를 들었어요." 어른들도 때로 장작불이 타오르는 것을 조용히 보고 앉아 있을 수 있다. 해변으로 밀려드는 파도를 보기도 하고 연못에 비친 하늘이나 나무를 물끄러미 바라보고 있기도 한다.

어린이의 영성을 키워주는 또 다른 방법은 자연과 가까이하여서 자연에 대한 감탄과 경외심을 느끼게 해주는 것이다. *문명이 발전된 환경에서 살고 있는 어린이들은 자연과 가깝게 접촉할 기회가 매우 적다. 비가 올 때 뛰어나가 비를 맞거나, 물웅덩이가 있을 때 맨발로 풍덩거려보거나 이슬에 젖은 잔디밭을 맨발로 뛰어다니게 해본 적이 있는가?* 라고 몬테소리는 묻는다.

집 앞마당에서라도 어린이와 함께 걸어보면 어린이에게 자연을 탐색할 수 있는 즐거운 기회를 주는 것이다. 어린이들은 날아다니는 나비와 꽃을 찾는 벌, 개미 언덕을 만드는 개미 떼, 그리고 썩은 통나무를 들추고 그 아래 있는 많은 생명체들이 우글거리는 것을 보고 놀랄 것이다.

내 딸은 인형놀이를 하면서 인형의 잠자리 의식의 하나로 '정원 걷기'를 하겠다고 하기도 했다. 딸은 인형과 함께 모든 식물들의 이름을 부르면서 "잘자"라고 했다. 이런 의식은 5~15분 정도 걸렸는데 함께 하면 너무나 사랑스러운 시간이 된다.

더 오랫동안 산책을 나간다면 필수적으로 어린이에게 보조를 맞추어 속도를 조절해야 한다. *어린이는 어떤 목적지에 도착하는 것이 중요한 것이 아니라 걷기 자체가 중요하다.* 걷다가 멈추고 민들레를 따거나 물웅덩이에서 첨벙거린다. 가을에는 바구니를 들고 나가서 잣이나 도토리, 낙엽들을 주워 담게 한다. 봄에는 새 둥지도 보고 모든 새싹들이 싹트는 기적을 볼 수 있다. "당신은 일주일 만에 새싹만큼 자랄 수 있나요?", "작은 새싹들은 어떻게 해서 그렇게 자랄 수 있을까요?"

영적인 관점에서 할 수 있는 활동들이 많이 있다. 예를 들어 씨앗 가꾸기를 하기 위해 작은 화분에 씨를 심고 어떤 화분에는 단추나 동전을 심어 놓고 표시를 해둔다. 씨를 심은 화분과 함께 동전을 심은 화분도 햇빛이 비치는 곳에 놓고 조심스럽게 물을 준다. 동전을 심은 화분에는 싹이 나지 않고 다른 화분에서 싹이 나는 것을 보면 생명의 신비가 얼마나 기적적인지에 대해 놀라게 된다.

맑은 날 밤에 할 수 있는 특별한 이벤트로 아이들과 함께 어두운 곳으로 가서 하늘을 바라보면서 "이것이 우리의 우주란다. 우리가 가지고 있는 가장 큰 것이야, 너하고 나도 우주의 일부란다"라고 말해볼 수 있다.

우리가 지구에서 살 수 있도록 해주는 자연이 주는 선물에 대해 부모들은 자녀들이 감사하는 마음을 가지도록 도와야 한다. 특히 우리에게 빛과

따스함을 주는 태양, 물, 음식, 집과 가족에 대해서 감사하도록 도와야 한다. 식사전 기도, 잠자리에서 하루에 대한 감사하기가 감사하는 태도를 키워주는 방법이다.

경외심과 감사하는 태도가 우리가 사는 지구와 생명체들을 존중하고 사랑하는 마음을 가지게 한다. 아주 어린 아이들도 쓰레기 줍기, 물 아껴 쓰기, 재활용품 분류하기 등을 통해서 지구를 보살피는 마음을 가질 수 있다. 새 먹이통을 채워주기, 고양이 물통 갈아주기, 정원이나 화분의 식물에 물주기도 즐겁게 할 수 있다.

3살 어린이도 흘린 물 닦기, 어린 동생 신발 신기를 도와주기 같이 평화롭고 친절한 일을 해볼 수 있도록 할 수 있다. '성공하는 사람들의 7가지 습관'의 저자 스티븐 코비도 부모들에게 이런 조언을 한 적이 있다. : 전 세계를 통해서, 전 생애에 걸쳐서 우리가 한 가장 의미 있는 일은 가정이라는 4개의 벽 안에서 이루어진다. 모든 부모들은 지위 고하를 막론하고 자녀들의 영혼에 봉사 정신을 가지도록 각인시켜 줌으로써 어린이가 다른 세상을 만드는데 공헌하는 아이로 자라게 할 수 있다. 다른 사람을 돕는 일은 어렸을 때부터 할 수 있다!

기쁨도 어린이가 영성을 표현하는 것일 수 있다. '종교가 없는 사람들에게 영성을 키우기'라는 책에서는 영성은 대부븐 침묵과 고독 속에서 키워지지만 기쁨을 표현할 때도 발휘된다고 하였다. 노래, 춤, 그림, 극놀이, 블록쌓기, 강아지와 놀기, 이야기를 들으며 주인공을 상상하기 등이 어린이들이 기쁨을 표현하는 방식이다. 나는 즐거운 노래나 춤을 출 때 인간의 영성을 느낀다. "어린이들과 함께 춤을 춰보세요." 정식으로 추는 춤이 아니지만 즐거운 음악에 맞추어 몸을 계속 움직여 보세요. 살아있는 것이 좋다는 것을 느끼게 하는 것에 또 어떤 것들이 있나요? 춤과 모든 예술들이 어린이들의 내적인 영성을 기쁨으로 표현하게 한다. 이런 기쁨은 어린 시절의 자연스러운 모습이다.

가족에게 종교가 있다면 어린이에게 종교적인 신념을 가르치는 것을 망설이지 말아라. 어린이는 절이나 교회, 성당 등 바깥세상과 다른 분위기의 스테인드글라스를 통해서 보는 빛이나 촛불에서 성스러운 분위기를 인식하면서 경외심을 느낄 수 있다. 종교적 의식에서 향냄새를 맡거나, 성수를 만져보고, 성스러운 음악을 듣는 것은 어린이의 감각적 언어에 호소한다. 종교의식을 잘 이해하지 못하더라도 종교의식에 참여하게 되면 일상생활에 숨겨져 있는 신비감을 느끼게 될 수 있다.

현대의 가정과 몬테소리

바쁜 일정, 끊임없는 TV, 컴퓨터, 전자 장난감, 상업화된 운동으로 가득한 21세기를 살면서 가정에서 몬테소리 원칙을 지킨다는 것은 4살 아이들에게 세상의 거대한 파도를 거슬러 올라가는 것처럼 보일 수 있다. 상업적으로 부추겨진 일들이 가정을 침범하도록 허용하는 부모들은 이런 인기 있는 문화들이 자녀들에게 긍정적인 결과를 낼 수 없다는 것을 알게 될 것이다. 그 결과는 어떤가?

모든 부모들은 자녀가 건강하고, 교육을 잘 받고, 좋은 친구를 사귀고, 의미 있는 일을 하고, 행복하며, 도덕적이고, 지혜롭기를 바란다. 그러나 이 좋은 결과들은 어린 시절부터 시작된다는 것을 알지 못하는 부모들이 많다. 이 결과들을 성취할 수 있는지의 여부는 육아 초기의 선택에 달려있다. 영양이 좋은 음식을 먹는지, 편리한 음식을 먹는지, 어린아이가 유익한 운동을 하는지, 오랫동안 앉아 있는지, 친구들과 상상적으로 놀이하는지, 오직 상업화된 놀이만 하는지, 자연과 가까운지, 전자 기기와 가까운지, 자주 책을 읽는지, TV만 보는지….

알게 모르게 어린이의 생활을 감싸고 있는 나쁜 영향력을 줄이려면 첫아기가 태어났을 때 또는 언제라도 도움이 되는 전략들을 알게 된 순간부터 부모들이 이에 대해 저항하기로 해야 한다. 당신이 지키고 싶은 가치의 목록을 명확하게 작성해 보라. 생활하면서 이 가치들을 지키기 위한 발걸음을 내딛고 피하고 싶은 것의 영향력을 줄여야 한다. 이런 목표들을 종이에

적어 놓으면 빠르게 움직이고, 상업적인 것을 추구하는 세상에서 개인의 가치를 추구하고 문제를 해결하는 데 도움이 많이 된다. 의도적인 가정(The Intentional Family)이라는 책에서 도허티(William J. Doherty) 박사는 "의도적인 가정이란 가족 구성원들이 유대감을 유지하기 위해 할 일을 계획하고 그 계획을 최선을 다해 실행하는 것이다. 의도적인 가족이란 바람과 유행에만 의존하지 않고 노를 저어 배를 움직인다."라고 하였다.

그렇다고 부모가 자녀들의 직업, 대학, 취미 등을 정해주라는 것은 아니다. 어린이의 열정이 결과적으로 힘센 어른들의 영향을 지나치게 받거나 끌려가지 않고 자신이 원하는 의미 있는 일을 결정할 것이다. *내가 자주 말했듯이 우리가 천재를 만들 수는 없다. 우리는 오직 개인에게 자신의 고유한 잠재력을 채울 수 있는 기회를 줄 수 있을 뿐이라고 몬테소리는 말했다.*

자녀에게 이 위대한 일을 해야 하는 시기는 인간 발달의 첫 번째 단계(0~6세)이다. *어떤 때보다 어린이는 지적인 도움을 필요로 한다. 어린이의 창의적인 일을 침범하는 방해를 줄여주어서 자신의 잠재력을 펼칠 수 있게 해야 한다. 우리는 어린이를 도와야 한다. 그러므로 어린이를 약하고 귀여운 피조물로 생각하지 말고 대단한 창의적인 에너지를 가지고 태어난 존재로 생각해야 한다.* 이 에너지를 발휘할 수 있도록 부모는 사랑이 담긴 풍요로운 도움을 주어야 한다. 몬테소리가 이런 도움의 중요성을 강조한 것을 옳았다. 그리고 이는 21세기의 부모 역할에서도 가장 중요한 부분이다.

이 성 숙

미국 시카고의 MMTTC(Midwest Montessori Teacher Training Center)에서 몬테소리 이론과 실제를 공부하였고 미국의 유치원에서 1년간 인턴 교사를 하여 AMS(American Montessoti Society) 몬테소리 3-6세 교사자격증을 취득하였다.

중앙대학교에서 유아교육학 박사학위를 취득하였으며, 10여 년간 몬테소리 교사와 원장으로 일했다. 지금까지 30년 이상 유치원과 어린이집 현직 교사들에게 몬테소리 교육을 하고 있으며, 몬테소리 유치원 어린이집 수업컨설팅을 하면서 몬테소리 수업지도와 부모교육을 하고 있다. 대학에서 강의를 하기도 하였으며, 몬테소리 이론과 실제 관련 저서들도 여러 권 썼다. 현재 분홍탑몬테소리연구소 공동대표와 사)한국몬테소리교육총연합회 회장을 맡고 있다.

당신의 아이를 아십니까?

– 몬테소리의 육아 메시지 –

Montessori Insights for parents of young children

초 판 1쇄 발행 2024년 11월 11일
초 판 3쇄 발행 2025년 9월 12일

옮 긴 이 | 이성숙
펴 낸 이 | 김기섭
편 집 인 | 오선율
펴 낸 곳 | 창지사 www.changJisa.com
08589 서울시 금천구 가산디지털 1로 83 파트너스타워 1차 9층
전화 (02)719-2211~3
팩스 (02)701-9386
등 록 | 1977년 4월 28일 · 제1-421호

ISBN 978-89-426-1907-8 (93370)

값 8,000원